新时代下博物馆管理与教育研究

姚璐 著

北京燕山出版社

BEIJING YANSHAN PRESS

图书在版编目（CIP）数据

新时代下博物馆管理与教育研究 / 姚璐著. -- 北京：
北京燕山出版社，2023.8
ISBN 978-7-5402-6968-5

Ⅰ．①新… Ⅱ．①姚… Ⅲ．①博物馆—管理—研究②
博物馆—社会教育—研究 Ⅳ．①G261②G266

中国国家版本馆 CIP 数据核字（2023）第 111338 号

新时代下博物馆管理与教育研究

著　　者　姚　璐
责任编辑　李　涛
封面设计　刊　易
出版发行　北京燕山出版社有限公司
地　　址　北京市西城区椿树街道琉璃厂西街 20 号
电　　话　010-65240430
邮　　编　100052
印　　刷　明玺印务（廊坊）有限公司
开　　本　710mmx1000mm　1/16
字　　数　200 千字
印　　张　13.25
版　　次　2023 年 8 月第 1 版
印　　次　2024 年 1 月第 1 次印刷
定　　价　80.00 元

前　言

在新时代，博物馆作为文化艺术品的托管和传承机构，发挥着越来越重要的作用。博物馆不仅是社会和历史的见证，也是知识普及和文化交流的桥梁。随着社会经济和科技的快速发展，博物馆管理与教育也面临着前所未有的挑战。

《新时代下博物馆管理与教育研究》汇集了博物馆学、文化遗产学、教育学等多个领域的专家学者，从不同角度对博物馆管理与教育进行探讨与研究。本书全面深入地阐述了博物馆管理与教育面临的问题、当前热点话题及未来发展方向，旨在推动中国博物馆行业的健康发展，提高博物馆管理和教育工作的质量和水平。

本书包括七章内容，囊括了博物馆管理、文化艺术品保护、数字化技术在博物馆中的应用、博物馆教育等多个方面的内容。每一章都以通俗易懂的语言，深入浅出地阐述相关理论、实践经验和前沿研究成果。同时，本书还提供了大量丰富多彩的案例分析，旨在为读者提供启示和借鉴。

我相信，《新时代下博物馆管理与教育研究》这本书对于中国博物馆行业未来的发展必将产生积极的影响，同时也会为广大读者加深对博物馆文化与教育的认识和理解做出贡献。

本书由来自漯河市博物馆的姚璐撰写。由于水平所限，加上撰写时间仓促，难免存在疏漏和不足之处。敬请专家、教授、相关领域的学者和读者批评指正。

目　录

第一章 绪 论

第一节 研究背景和意义

博物馆作为一种重要的文化机构，不仅有着保护、传承、展示文化艺术的职责，同时还是社会教育的一个重要载体。近年来，随着社会的发展和人民生活水平的不断提高，公众对文化艺术的需求也越来越大，博物馆的重要性就更加凸显。

在这样的背景下，博物馆管理和教育面临着新的挑战和机遇。具体来说，随着科技的进步和信息化的发展，数字化博物馆逐渐成为主流趋势，各种虚拟博物馆、在线展览等新型展示方式层出不穷，给博物馆带来了巨大的创新空间和发展潜力。此外，参观者的需求和期望也在不断变化，他们希望通过各种互动方式了解文化艺术，这对博物馆提出了更高的服务和教育质量要求。

对新时代下的博物馆管理和教育进行深入研究，探索其规律和发展趋势，具有重要的理论意义和现实意义。从理论上来说，研究博物馆的管理和教育模式，有助于形成更为科学合理的博物馆管理体系和教育模式，进一步提高博物馆的服务质量和文化传承能力。而从实践角度来看，促进博物馆事业的发展不仅可以提高文化艺术的普及率，还可以加深公众对文化艺术的认知和了解，进而增强国家的文化软实力。

我们需要进一步探讨新时代下博物馆管理和教育的规律和发展趋势，关注数字化博物馆的建设、互联网+的应用、博物馆与社区的联动等方面，研究各种新型教育方式和策略，逐步完善博物馆的服务和教育体系，从而推动博物馆事业的可持续发展，并建设具有中国特色的现代化博物馆体系，切实提高公众的文化素养，促进国家的文化交流和经济发展。

第二节　国内外相关研究概况

博物馆是文化传承和展示的重要载体，得到越来越多的重视。在此背景下，国内外对博物馆管理与教育的研究呈现出蓬勃发展的态势，各种理论研究和实践创新层出不穷。

国内方面，中国博物馆事业经过多年的发展，成果显著。在博物馆管理方面，国内学者近些年来开展了对博物馆管理模式、人才培养体系、数字化建设、社会责任等方面的研究。他们通过实践，探索适应中国国情的博物馆管理模式，推进数字化博物馆建设，促进社会责任的落实，提升博物馆服务质量和文化传承能力。同时，在博物馆教育方面，国内学者也进行了大量研究，如博物馆教育理论、策展与解说、观众评价等方面的研究，为博物馆教育提供了科学的理论支持，并致力于推动博物馆教育向互动性、参与性、体验性和趣味性方向发展。

这些成果不仅奠定了博物馆事业的可持续发展基础，也为其他文化艺术领域提供了宝贵的经验和启示。未来，博物馆事业将面临更加复杂的环境和挑战，需要进一步加强博物馆管理与教育的研究和探索，注重实践创新，推进数字化博物馆建设、探索观众满意度的提高，努力打造更具有特色的博物馆管理与教育体系。

国外方面，许多国家和地区的博物馆管理与教育也在不断发展和创新，其中尤以欧洲和美国为代表。

在欧洲，博物馆管理和教育领域的研究主要聚焦于艺术品的保护、数字化收藏、展览设计等方面。一些欧洲的顶级博物馆采用先进的技术手段进行数字化收集和文化遗产保护，如英国大英博物馆和法国卢浮宫博物馆等。此外，在展览设计方面，欧洲博物馆致力于开发更加吸引人的展览策略，提供更具有吸引力和趣味性的展览体验，从而吸引更多的观众前来参观。在美国，博物馆教育则更加强调参观者的个体性和互动性，致力于打造更具有"人文关怀"的教育方式。Museum Hack 是美国一家知名的博物馆教育公司，该公司开发了一系列的故事讲解和互动活动，鼓励参观者从不同的角度去了解博物馆的展品和历史，增加参观者的互动性和乐趣性。此外，美国的一些博物馆还注重与社区和学校合作，利用博物馆资源为学生提供更加全面和深入的文化教育。

总体来说，国内外对博物馆管理与教育的研究已经逐渐从单一的理论探讨向以人为本、注重实践创新的多元化发展模式转变。除了基础理论探索，实践经验交流也变得越来越重要。同时，随着科技的进步和信息化的发展，数字化博物馆、虚拟现实等新技术也成为博物馆管理和教育的重要方向和创新突破口。比如在中国，一些博物馆已经开通了数字化展厅，通过线上展览和互动展示形式，为广大观众提供更便捷、富有趣味的参观体验。

综上所述，博物馆管理与教育的研究已经成为当前学术界的一个重要热点，其研究成果不仅可以进一步提高博物馆的服务质量和文化传承能力，还可以增加公众对文化艺术的认知和了解，进而提高国家的文化软实力。因此，在未来的发展过程中，我们应该更加注重博物馆管理与教育的研究，积极探索各种新型管理和教育的方式和策略，并在实践中不断总结和创新，打造更具有特色的博物馆管理与教育体系。

第三节　研究目的和内容

随着国家文化软实力的不断提升和人们对文化艺术需求的日益增长，博物馆事业作为文化传承和展示的重要载体，受到越来越多的关注。在新时代下，博物馆管理与教育研究面临更大的挑战和机遇。因此，本文旨在分析新时代下博物馆管理与教育的研究目的和内容，以期加强对这一领域的认识和了解。

博物馆管理与教育的研究目的是提高博物馆服务质量和文化传承能力，增进公众对文化艺术的认知和了解，并提高国家的文化软实力。具体而言，其主要目的包括以下几个方面。

首先，探索适应中国国情的博物馆管理模式是博物馆事业可持续发展的重点之一。目前，我国的博物馆管理模式主要有国有、民营和公益三种形式。针对各种博物馆类型，需要设计出合理的管理模式和组织架构，并积极推进数字化博物馆建设，在信息技术的支持下实现全方位、多角度、立体化的文化遗产呈现和保护。同时，加大社会责任的落实，在为公众提供精彩体验的同时，保证文化遗产的保护和传承，从而提高博物馆服务质量和文化传承能力。

其次，推动博物馆教育朝互动性、参与性、体验性和趣味性方向发展是博物馆事业的另一重要目标。为了吸引更多的公众，提高观众体验感和参与度，博物馆需要采用更加多元化和有趣的教育方式，如让观众参与到文物保护、考古挖掘等实践活动中来，还可以通过现代科技手段如虚拟现实、增强现实等技术手段提供更具体的感官体验，从而激发公众的兴趣和热情。

最后，加强博物馆管理与教育的国际交流与合作，借鉴国外博物馆管理和教育先进经验，为我国博物馆事业的发展提供启示和借鉴也是十分必要的。可以通过举办主题论坛、学术交流和国际博物馆联盟等方式，促进中外博物馆之间的交流和合作，在全球范围内探索博物馆管理和教育的创新路径和前沿理论，为我国博物馆事业提供更好的发展思路和指导。

博物馆管理与教育的研究内容包括以下几个方面。

博物馆管理是博物馆事业中的重要部分，它包括博物馆组织架构、规章制度、经营管理等多个方面。博物馆管理理论与实践研究是为了在学术上深入探讨博物馆管理的本质和实现方式，同时在实践中不断总结、创新，并提高博物馆的管理水平和效率。

具体来说，博物馆管理理论与实践研究可以从以下几个方面展开。

（1）博物馆历史探究。在博物馆管理领域，需要对博物馆的历史沿革和文化背景进行深入研究，以便更好地把握和理解博物馆的发展趋势和管理特点。

（2）组织架构与人员管理研究。博物馆的组织架构和人员配置是博物馆管理的重要内容，需要进行深入探讨和研究。尤其是在当前博物馆普遍向数字化转型的背景下，需要重新审视博物馆人员的职责和能力要求，适应时代新变革。

（3）管理方法、原则、机制研究。针对不同类型和规模的博物馆，需要研究和制定适合的管理方法、原则和机制。这些内容包括资产管理、物品保管、展览安排、财务预算等多个方面，以确保资金使用和文物保存达到最佳效果。

数字化建设是当前博物馆事业的重点和发展方向之一，数字化博物馆建设研究则是针对数字化普及推进过程中所出现的问题进行探讨、解决的学术活动。具体来说，数字化建设包括数字文物收集、存储、整理、展示、传播等全流程范畴，其研究内容主要有以下几个方面。

（1）数字化文物收集研究。通过制定标准规范和技术手段进行采集和整理，在保证文物真实性和完整性的前提下促进对文物散失的遏制，并为文物保护和研究提供更加便捷和丰富的资源。

（2）数字化文物存储研究。利用先进的技术手段完成对文物信息的存储和备份，保证其长时期的保存和安全性，并为文物展示和研究提供基础。

（3）数字化文物展示研究。利用数字化技术手段进行文物展示，可以使观众更好地了解文物特点和历史背景，同时增加观众的互动性和体验感。

博物馆展览策划与策展研究是提高博物馆展示品质和参观者体验的重要途径。博物馆展览策划与策展研究主要包括以下几个方面。

（1）展览策划设计研究。在考虑观众需求及文物本身条件的基础上，制定出合理的展览策略，并设计合适的展览形式和空间布局。

（2）展览解说研究。通过文字、图片、音频、视频等手段，对展览文物进行详细解说并呈现其价值和内涵，为观众提供更加全面深入的了解。

（3）展览品质评估研究。在展览过程中不断进行展览品质评估，并根据实际效果对展览策划和设计进行不断改进，确保展览品质和观众参与体验达到最佳效果。

博物馆教育是博物馆事业的重要部分，它旨在通过博物馆资源和教育技术手段向公众传递文化知识和历史文化意义。博物馆教育理论与实践研究内容包括以下几个方面。

（1）博物馆教育目标与策略研究。制定博物馆教育目标和策略是博物馆教育工作的前提，需要深入探讨和研究。

（2）互动式博物馆教育研究。针对观众群体需求和趋势，研究和开发具有互动性和体验性的博物馆教育产品，提高观众参与感和体验度，使公众更好地了解文化遗产。

（3）博物馆教育评估研究。通过对博物馆教育效果的实际评估，发现问题并加以改进，从而提高博物馆教育质量和效果，吸引更多的公众参与。

第二章　博物馆管理的理论与实践

第一节　博物馆的定义和分类

博物馆是一种机构，它有收藏、保存、研究和展览各种文化、科学、艺术和历史遗产的功能。博物馆旨在通过展览和教育活动向公众传达知识和启示，并促进文化交流和理解。作为文化遗产的重要承载者和传播者，博物馆既是历史与现实的交汇点，也是人类智慧与文明的展示现场。博物馆通过收藏、保存、研究和展览宝贵的文化、科学、艺术和历史遗产，向公众传递人类的智慧和经验，启迪人们对生活、世界和自然的理解和认识。同时，博物馆还能够促进不同文化之间的交流和理解，增强人类之间的联系和沟通。

根据不同的特点和目的，博物馆可以分为以下几类。

一、综合性博物馆

综合性博物馆是指收藏、保存、研究和展览各种领域、各个时期的文物、艺术品等多种类型物品的机构。综合性博物馆是博物馆中最为常见和典型的一种类型，它们通常具有广泛的收藏范围和丰富的展品资源，包括自然科学、人类学、历史文物、艺术品等多个领域的文化遗产。

综合性博物馆通常通过多个不同的展厅来展示其收藏的文物和艺术品，其中一些展陈可能会根据主题、年代或地域等进行划分。同时，综合性博物馆还会提供相关的研究资源，如图书资料、档案文件和实地考察设施等，以便学者和专业人士深入了解展品。

对于公众而言，综合性博物馆通常是非常受欢迎的场馆之一。他们可以在这里观赏到各种各样的展品，包括珍贵的文物、精美的艺术品和科学器材等。此外，综合性博物馆通常会组织各种不同形式的教育活动，如专业讲座、手工制作和互动展陈等，以吸引不同年龄段的观众参与其中。

综合性博物馆在当代社会中具有非常重要的作用，它们不仅是文化遗产的承载者和传播者，也是社区生活中的重要组成部分。通过收藏和展示各种有价值的文物和艺术品，综合性博物馆可以增强公众对文化多样性的认知和理解。同时，它们也可以为学者和专业人士提供研究平台，帮助人们更好地了解历史、文化及其变迁。

二、专题性博物馆

专题性博物馆是指以某一领域或主题为重点的博物馆，如自然博物馆、科技博物馆、艺术博物馆等。与综合性博物馆不同，专题性博物馆通常聚焦于一种特定的文化遗产类型或学科领域，收藏和展示与此相关的珍贵文物、艺术品及其他展品。

自然博物馆是常见的专题性博物馆之一，它们通常通过收集保存各类植物、动物及其标本来展现自然界的丰富多彩。自然博物馆不仅可以让人们更好地了解生物多样性，也可以向公众展示地球历史以及环境拓扑学。

除自然博物馆外，还有许多专题性博物馆充满吸引力。例如，科技博物馆展示历史上最具影响力的技术与发明；艺术博物馆则致力于推广各种形式的视觉艺术，如素描、版画、雕塑和装置艺术等。

专题性博物馆也越来越关注教育作用，常常通过与学校合作，提供学习课程，组织学生互动参与，以便更好地增加学生的兴趣和理解。此外，专题性博物馆还会利用数字技术等创新手段为观众提供更加丰富的展览体验，并使展览内容得到广泛传播。

综上所述，专题性博物馆在收藏、展示和研究特定领域和主题方面发挥着不可替代的作用。通过收集、保存和展示珍贵的文物和艺术品，这些博物馆向公众传递了人类智慧和经验的宝库，同时也增强了人们在历史、科学、文化和艺术等领域的认知。在未来，随着数字化和多媒体技术的不断发展，专题性博物馆将进一步拓展其展示形式和教育功能，为公众提供更加精彩和鲜活的展览体验。

三、纪念馆

纪念馆是以纪念某一人物、事件或组织为主题的博物馆，旨在保存、展示和分享与其相关的历史文物、资料和故事。这些纪念馆通过收藏珍贵的历史文物、照片、文件等资料，向公众传递着历史所具有的价值、意义和理解。

纪念馆通常收集并展示特定的历史信息，如政治人物、社会领袖、文化名人、战争英雄及成就杰出的组织等。这些馆内展品包括了照片、文件、奖项、遗物、日常用品、图书、手稿、艺术作品等多种类型，这些文物和资料都具有独特的历史和文化价值。通过这些展品，人们可以更加深入地了解各个历史时期中那些具有影响力的人物、事件、社团以及其他组织。

纪念馆还可以通过各种形式的文化传承活动向公众传达历史事件的重要性，如讲座、教育课程、表演和互动活动等。这些活动不仅可以激发公众对历史事件的兴趣，也可以传达赞扬和敬意。

作为一种具有文化遗产保护功能的机构，纪念馆对于维护、弘扬人类文明历史有着重要的贡献。同时，通过保存、展示和分享与其相关的历史资料和文物，纪念馆还可以引领公众重新思考历史，从多个角度审视人类社会发展和变迁的过程。在未来，纪念馆将继续承担其重要的文化传承职责，不断创新和发展，从而更好地为公众服务。

四、科普馆

科普馆是为广大青少年和儿童提供科学知识普及和教育的场所，其主要特点是互动展品和科学实验。科普馆通常会利用现代科技手段，并根据不同年龄段的观众需要综合制作各类展品和教学内容。

科普馆的展品通常采用视听、触摸、体感等多种方式，以便吸引参观者积极参与并增强其对科学知识的理解和兴趣。同时，科普馆通过展示实物模型、图表、图片、视频等形式，将深奥的科学知识生动形象地展现出来，并加入趣味性元素，使得观众不仅能够从中获取关于自然、科学和技术的知识，还能够在游戏中享受到畅快的体验。

科普馆也重视教育方面的作用，常常开设多种类型的科普课程和活动，让观众可以进一步掌握科学知识和技能。例如，科普馆会组织专业人士的科学讲座、实验演示、DIY 手工制作、电影放映等系列活动，使得观众在参与游戏互动的同时，还能够跟随教学主题理解和掌握相关知识。

总之，科普馆的开设是为了让年轻观众更好地了解自然现象、科技进步，以培养其对自然科学的兴趣和热爱。科普馆作为一种特殊形式的博物馆，不仅丰富了青少年和儿童的科学知识和技能，也推动着科学普及事业的发展和文化多样性的交流。

五、文化中心

文化中心是一种以文化为主题的多功能机构，不仅收藏、展览和研究文化遗产，同时也开展丰富多彩的文化活动。文化中心经常举办音乐会、戏剧表演、艺术展览、文学讲座、电影放映等形式多样的文化活动，以便向公众呈现多元化的文化体验。

文化中心通常具有一套完整的业务流程，包括策划、制作、推广、评估等环节，并且通常由专业人士来管理和执行。文化中心往往也与相关的教育和文化机构合作，如博物馆、图书馆、学校等，开展更有深度和内涵的文化活动。

文化中心所开展的丰富多样的文化活动，不仅为公众提供了品质优异的文化产品，也可以加强社区参与性，增进各部门之间的沟通与协调。此外，文化中心还可以通过各种文化活动，促进文化多样性的交流，推动不同地区和民族之间的文化互动，带动文化旅游业的发展，促进城市经济的繁荣。

文化中心作为城市文化生活的重要组成部分，不仅可以传承和弘扬优秀的文化遗产，培养公众对文化艺术的鉴赏能力，也是推动社会、经济和文化进步的重要力量。在未来，文化中心将继续发挥其重要的作用，不断创新和完善文化活动形式，为城市文化事业做出更加杰出的贡献。

第二节　博物馆管理理论体系

博物馆管理理论体系是指博物馆在组织、管理和运营方面所采用的一系列理论方法和管理模式。它涉及到博物馆的各个方面，包括展览、收藏、教育、科研、市场营销等多个领域。

目前，博物馆管理理论主要分为传统理论和现代理论两大类。

传统理论认为，博物馆不仅是文化遗产的保护者，也是向公众传递历史文化、推广民族文化精神的宣传者和代表。因此，传统理论强调博物馆应当承担起历史文化保护和文化传承的重要责任。在教育方面，传统理论主张博物馆应当加强公众教育工作，通过丰富多彩的活动吸引公众前来，让公众了解文化遗产史料，并从中获得知识和体验。这些活动包括文物陈列展览、集体参观、学术讲座、亲子活动等多种类型，以确保公众对文化遗产的了解和文化传承的实现。在学术交流方面，传统理论主张博物馆应当开展学术研究和交流工作，促进各国博物馆及文化遗产界之间的互联和交流合作，提高博物馆专业水平及学术价值。

现代博物馆理论强调博物馆在社会和经济发展中的重要性，认为博物馆除了传承历史文化遗产，还要注重提高自身的社会效益和经济效益。在社会方面，现代博物馆应该更加关注社会发展和公众需求，结合当下社会热点话题和文化需求开展丰富多彩的活动，如科普教育、创意设计、文化交流等，同时也应该向不同层次、阶段的人们提供符合其实际需求的服务。在经济方面，现代博物馆应该注重改善财务状况，积极拓展各种资金来源，如政府拨款、商业赞助、门票收入等，以保证博物馆的正常运营和多样化的活动。此外，博物馆亦可通过合作与联合，推动资源整合及共享，实现更好的互惠互利，从而达到联手共进的目标。为了适应现代社会的需求，现代博物馆还需要不断创新和改革管理模式，包括采用信息技术手段、提升数字化和智能化水平、拓展服务内容等，以适应现代社会的需要。博物馆管理理论从整体上看，主要包括以下几个方面。

一、组织管理

组织管理是博物馆管理中的一个重要组成部分，包括人力资源管理、财务管理、信息管理、行政管理等方面。组织管理能够有效提高博物馆的工作效率和管理水平，优化博物馆的组织架构。

人力资源管理是博物馆组织管理的关键环节之一。博物馆需要为员工提供合适的岗位与培训，保证工作绩效的提升，并考虑员工福利及职业发展，以稳定和留住博物馆的核心人才。此外，也要实现人、财、物的合理配备，适当调整内部结构，提高协同效率。针对各类人员，建立完善的激励机制，激发他们的创新思维及不断进取的积极性，以打造一支富有活力的团队。

财务管理则是确保博物馆经营良好的有效手段之一。博物馆在日常经营管理中需要完成诸多任务，从文化遗产保护到公众教育、学术研究等各个领域都需要资金的支持。因此，财务管理需要预算规划、会计监管、商业合作等一系列工作，以保障博物馆的资金来源与管理效益，确保文化底蕴的稳定和可持续发展。

信息管理方面则是通过科技手段来提高博物馆的信息管理水平。现代博物馆应该从物理空间向数字领域拓展，加强院藏文物的数字化展示、科技创新等，同时在在线互动、社交媒体与信息推送等方面使得我们可以更好地与公众互动沟通。

行政管理是博物馆运营中的一个重要环节。博物馆需要相关人员对行政事务进行规划、协调和监督，包括展览、教育活动、人员安排等各个方面。行政管理可有效提升博物馆的运营效率及执行力，从而满足公众对博物馆的各种需求。

二、教育与展览

教育与展览是博物馆管理中的关键要素，包括教育传播、文化推广、信息交流等方面。这些方面的管理可以帮助博物馆更好地向公众传递文化遗产，加强社会教育功能和学术研究意义。

教育传播是博物馆最重要的职责之一，在此方面博物馆通常会开展各种教育活动，如讲座、实验课程、特别展览等，为不同年龄段和背景的参观者提供多样化的教育服务。同时，教育传播也包括向学校或其他组织提供专业性服务，从而扩大博物馆在教育领域的影响力。

文化推广则是博物馆面向社会开展的另一项重要服务。通过精彩纷呈的文化活动，将历史文化遗产展示给公众，使人们更好地了解自己所处的文化背景及历史渊源。发挥博物馆在文化创意、文化旅游等方面的作用，进一步激发城市、地区的文化活力。

信息交流方面包括学术研究的推动和文化交流的创新。博物馆应积极参与国际学术研究，建立学术合作机制，拓展国际交流，保持自身在历史文化领域的领先地位。同时，在文化交流方面也要不断尝试，开发多样化的交流方式，体现不同民族文化及其特色，促进文化创意产业的发展。

三、收藏保护

收藏保护是博物馆管理中至关重要的一个方面，涉及线上和线下收藏、修复和保护等环节。这些方面的管理可有效提高博物馆文化遗产的保存水平，确保保管的安全性和完整性。

线上收藏与保护是博物馆数字化建设的重要组成部分之一。计算机技术使得博物馆文化遗产线上展示变得更为便捷，同时也有利于文物信息的存储、分享以及对文物数据进行科学研究。线上收藏需要通过数字化手段把文物收集下来，并采用各种方式进行数据存储和共享，以保证文物资料的完整性和真实性。

线下收藏则包括文物选编、标本征集、管理及登记等多个环节，博物馆应严格执行文物收藏的相关规定，在每个环节做好相应措施，确保文物在移动中不受损失。

针对文物的修复和保护，博物馆也应该加强管理，制定出具体的修复和保护计划，并与专业人员合作完成文物的修复工作。博物馆不仅要保证文物的完整性，还应该尽可能地保留文物的历史痕迹和价值，这样才能更好地传承历史文化遗产。

四、市场营销

市场营销是博物馆管理中不可或缺的一个方面，包括品牌营销、市场调研、市场战略规划等多个方面。这些方面的管理可以帮助博物馆更好地在市场中定位自己，扩大影响力，提高知名度，增加收益。

品牌营销是博物馆提高知名度和提高市场竞争力的关键因素之一。博物馆应该对自身特色进行深度挖掘，建立和完善品牌知名度，以吸引更多的游客和受众。同时，还要注重与其他文化机构和相关企业开展合作，扩大协作范围，提高综合实力。

市场调研则是博物馆进行市场营销的重要前置环节。博物馆可以通过市场调研了解公众需求，确定目标客户群体，制定满足市场需求的各项策略。在相应的市场领域，通过问卷调查、市场分析等手段，博物馆可以获取足够的信息，为后期的市场推广和品牌营销提供依据。

市场战略规划则是博物馆进行市场营销的核心。博物馆应该了解自身优势与局限性，结合市场调研和品牌建设情况制定合适的推广方案、营销策略和实施细节，有计划地提高文化传承、社会教育和社会关注度等各个方面。

第三节　博物馆的组织架构和管理模式

博物馆的组织架构和管理模式各有不同。一般来说，博物馆的组织架构包括领导团队、职能部门以及专业团队等。博物馆需要根据自身情况进行定制化设计，建立合理的部门职能和人员配备，提高工作效率和管理水平，实现其文化传承、社会教育和学术研究等多个方面的职责。

一、领导团队

博物馆的领导团队是博物馆管理中不可或缺的一个方面，由董事会和管理团队两个部分组成。董事会负责监督和决策机构，而管理团队则负责日常管理和运营工作。

　　董事会是博物馆最高决策机构，通常由专业人士、学者、企业家等各行各业的人才组成。董事会的职责包括审定博物馆的发展战略、财务预算，议定文化遗产征集工作计划、研究项目等多个方面，确保博物馆合法合规，顺利实现其文化遗产传承、学术研究和社会教育等职责。

　　管理团队则是博物馆的日常管理部门，主要由总经理、副总经理、部门负责人等人员组成。管理团队的主要职责是协调各职能部门和专业团队之间的工作，完成博物馆的日常管理和运营工作。他们需要有识别并解决问题的能力，同时要具备丰富的管理经验，推动博物馆持续发展，增强博物馆的学术地位和社会影响力。

　　值得注意的是，董事会与管理团队之间应该建立密切的协作机制，在合理分配资源、制定合理工作计划等方面进行有效沟通，确保博物馆的整体发展规划不断深入落实。

二、.职能部门

　　职能部门是博物馆中实现各项职责的重要组成部分。根据不同类型的博物馆，其职能部门设置也可能会有所不同。一般情况下，博物馆通常设置研究、展览、教育、收藏、行政、财务等职能部门。

　　研究部门主要负责文化遗产研究和学术交流活动。这个部门可以提供学术支持，发掘历史文化资源、丰富文化遗产保护与利用的内涵，同时为博物馆提供创新性的思路和方案。研究部门还可以组织并参加国际性、国内性的学术交流与合作，提高博物馆的学术和研究水平。

　　展览部门负责展览设计、策划和执行。这个部门需要对博物馆的展览进行规划和安排，力求将博物馆的文物资源展现出来，并且以引人入胜的方式呈现，引起游客的兴趣和注意。展览部门还需要关注社会反响，并做好回馈。

　　教育部门负责博物馆教育工作和参观解说服务等。在博物馆中，教育工作是重要的普及文化知识的手段。教育部门负责设计并组织各种公共教育活动、讲座、会议，提高游客和社会大众对文化遗产保护和传承的认识和理解。

收藏部门则负责文物征集、保存和修复。这个部门需要采取科学方法和先进技术，确保博物馆藏品的安全，并对已有藏品进行保护性修复和加强维护。同时，这个部门还要不断拓展新的文物收藏范围和途径，丰富藏品的特色和内涵。

行政部门负责协调和执行日常行政事务，必要时还需要处理一些与外界的沟通交流。行政部门需要为其他若干个部门之间的协作配合提供相应支持。

最后是财务部门，负责财务预算、记账、票据、审计等工作。财务部门需要建立准确、完整、真实、可靠的财务制度，争取更多的研究资金、参观门票费用等，通过科学的管理提高财务的效益。

三、专业团队

专业团队是博物馆的核心力量，由翻译、讲解员、学者、修复师、数字技术人员等各类专业人才组成。这些人员对于博物馆的发展和经营有着至关重要的作用，合理配置和培养各类专业人员可以增强博物馆的整体管理能力及提高博物馆的经营水平。

首先是翻译人员，他们在国际性或跨文化业务或合作中起到桥梁作用。他们需要精通多种语言，为博物馆游客介绍来自不同国家的文化和历史遗产，促进博物馆在世界范围内的交流和合作。

其次是讲解员，他们通过讲解和引导游客深度参观博物馆，增加游客对文物和展品的了解和欣赏。讲解员应该拥有良好的沟通技巧、丰富的知识储备及完善的服务意识。

第三是学者，他们负责博物馆各类学术研究工作，包括文化遗产考古学、文化价值评估、藏品分类名称、展品策展等。学者全面而深入的研究，为博物馆提供可靠的研究成果和数据支持，为博物馆的发展规划和藏品保护提供重要理论和实践指导。

第四是修复师，他们负责博物馆文物、藏品的修复、加固等工作。对于博物馆来说，文物和藏品都是不可再生的珍贵财富，需要精细地保养和修复，以便更好地保存可供下一代人共享的宝贵文化资产。

最后是数字技术人员，他们通过现代数字技术手段，为博物馆的信息化建设提供支持。数字技术人员可以策划、设计、开发博物馆官方网站、移动客户端、多媒体展览、数字资产管理系统等，从而提高博物馆的管理效率和教育推广力度。

四、博物馆运营和服务质量控制

博物馆的使命在于收藏、保护、研究和展示文化遗产，同时为公众提供教育、娱乐和文化体验。因此，博物馆的运营和服务质量控制是至关重要的，其直接关系到博物馆的声誉、社会地位和发展前景。

博物馆的管理团队需要向着安全、规范、高效的目标不断努力，通过严密的管理制度和科学的管理模式，确保博物馆各个方面的运营质量都达到行业最高水平。同时，为了提高博物馆的服务水平，博物馆应该完善自身设施，加强与社会大众之间的沟通交流，并且时刻关注游客的需求和反馈，改进服务质量，提高顾客满意度。

以下是博物馆运营和服务质量控制的几个方面。

1.规范管理体系

规范管理体系是博物馆内部运作的基础，对于博物馆的管理和服务质量水平有着非常重要的影响。在建立健全的管理体系方面，博物馆应该制定合理的管理制度、规章制度、工作流程以及各项操作规定等。

（1）博物馆需要制定具有针对性和实施性的管理制度和规章制度，以确保博物馆各级人员在管理和服务中能够遵守规定和行为准则，规范和提高自我约束意识和行为素质。

（2）博物馆还应该建立相应的工作流程，以确保博物馆各个岗位和任务之间协调一致、衔接紧密，有效提高工作效率和办事效果。同时，工作流程也有助于提高客户满意度并建立品牌美誉度。

（3）博物馆还需要完善各项操作规定，以实现人员对业务操作直观化，并且可以降低风险，节省处理成本，更好地发挥出各项业务的效益与价值。

（4）安全隐患排查机制应当得到详细研究。例如，在会议安全及会场安全的防范、防火和消防安全、贵重文物保护等工作中，应制定相应的安全管理方案。

（5）在建立健全的管理体系之外，博物馆还应该制定应急预案，确保在出现安全事故或突发事件时，能够迅速、有效地应对，控制损失。这需要进行实践演练和不断完善，以确保博物馆内部随时都能自如应对各种突发状况，提高管理准备度和应急反应力。

2.招聘和培训合格人员

招聘和培训合格人员对于博物馆的日常运营和服务质量至关重要。为了确保招聘到最适合的人才，博物馆需要准确地制定职位描述、岗位说明书等工具。这意味着，博物馆应该清楚地定义每个职位的职责范围、技能要求和资历要求等，并且结合行业现状和发展趋势来确定招聘标准和流程。

同时，博物馆还应该注重全员培训，以提高员工的专业素质和服务水平。培训领域应当包括展览研究、文物保护、教育交流、数字技术应用等多个方面。首先，通过展览研究培训，员工可以更好地理解各种艺术品和文化史的学科基础知识和展示方法，并且根据实践经验来积累、总结自身的实践经验。其次，文物保护培训旨在向员工传授文物保护知识与技能，帮助他们更好地保护艺术品和文物，并有效提高预防损坏的能力。然后，教育交流培训还应该加强员工的综合素质，使他们能够更好地为参观者提供服务和解答问题。最后，数字技术应用方面的培训也是非常重要的，它将帮助员工掌握先进技术，并创新使用这些技术，提高工作效率。

3.科学管理藏品

管理和保护藏品是博物馆的核心工作之一。为了科学管理文物，博物馆必须制定合理的文物保护计划、流程和操作规范，并建立一个先进、安全、完善的文物保管体系。

首先，文物保护计划应该根据藏品特点、价值、状态以及传承情况等，综合考虑各种因素，全面严谨地制定具体的方案流程。例如，对于易损文物，应采取防护措施，使其远离光线、有害杂质、尘土污染和飞虫病虫害等；对于固定艺术品，应定期清洗、检查和修复，以确保文物的可持续保存。

其次，在建立先进、安全、完善的文物保管体系方面，至少需要实现以下几个目标：完善安全技防和管理措施，避免文物被盗或毁损等；保障文物环境安全，维持比例适度的环境温度、湿度、光照条件，避免前述所说的易损文物等失去原有品相；建设藏品数字化保护系统等，以支持多维度的文物保护和管理。

最后，确保每个文物都有准确、详尽的档案记录和手续也是非常重要的。档案记录应该详尽地描述文物的基本情况、收藏来历、历史背景等各方面信息，并配备相应的图像、视频等资料。而手续则涉及如何证明文物合法性以及实现遗产传承等问题。

4.严格控制参观人数

严格控制参观人数是博物馆管理和服务质量的关键环节之一。为了确保参观者安全，博物馆通常会制定游客量安全规模，并要求在能够承载并且环境不脏乱差的情况下，尽可能地让更多的游客来参观。

如果参观者数量过大或超过安全限制，博物馆应该采取相应的措施。首先，可以增加开放时间或者增加展厅区域来扩大博物馆的容纳能力。比如，在特定日期或时段增加开放时间，可以分流参观者，减缓拥堵、排队等情况从而避免引起恶劣的体验和印象；或者通过改变展览布局和安排来增加展出面积，从而能在现有空间内容纳更多的游客。

其次，博物馆还可以引入预约系统，并根据实际情况进行调整和优化。预约系统可以帮助博物馆管理员与游客更好地协调，并确保每天参观人数的控制，以达到安全管控的目的。同时，预约系统还可以用于游客路线管理，避免人流交错，减少拥堵。

最后，博物馆也可以采取多元化的展览形式，如数字化展览、虚拟导览等，从而为更多的游客提供博物馆旅游的机会和体验。这些方式不仅能够扩大博物馆的容纳能力，还能为游客提供更加方便、快捷的参观体验，满足不同游客的需求。

5.考虑方便性和日常维护

考虑方便性和日常维护是博物馆设施管理的重要内容。为了让更多的受众前往参观和了解历史文化，博物馆应该注重方便性和易维护性。

首先，博物馆应该制定合理的参观路线和导览图，以方便游客迅速找到展品位和导航路线，并为他们提供更好的体验。例如，每个展厅内的地图、标识牌等已成为常态。同时，博物馆还可以利用数字技术，如 App、二维码导览等方式来给予游客更加丰富的参观帮助。

其次，在设备和设施方面，博物馆应该聘请专业的供应商，并保证设备和设施的稳定性和安全性，及时检修、维护和更新设备和设施。这样才能使博物馆管理更加科学和高效，确保不会影响到博物馆的正常运营。比如，配备消防器材、通风设备、冷暖气等，需要根据不同情况进行考虑与实际操作，保证博物馆的环境和设施处于最佳状态。

最后，博物馆的运营还需要与 IT 无缝衔接。为了保障现代化博物馆的整体运作能力，博物馆在设备和设施方面也应该考虑到 IT 设备和网络建设等内容。例如，建立访客数据管理系统、数字信息检索档案系统、电子导览系统等，这些都是能够极大提高博物馆服务效率和管理水平的关键技术设施。

第三章 博物馆教育的理论与实践

第一节 博物馆教育理论

一、认知心理学在博物馆教育中的应用

在博物馆教育中，认知心理学还可以应用于多个方面。例如，在展品标签和解说中，根据参观者的认知水平设计合适的语言和表述方式，以便让游客更好地理解历史文化信息；在游戏、互动环节中，利用幻想、跳跃性思维等认知心理学原理，提高游客的兴趣和参与度；在提供数字资源和移动互联网导览等服务时，也可以考虑到参观者的认知特点和需求，提供更加个性化和具有深度的内容和体验。

（一）认知心理学可以应用于设计展览布局和内容

在博物馆展览设计中，认知心理学为设计者提供了许多启示。通过运用一些专业技巧和方法，设计师可以更好地利用展览布局和内容，提高游客的参观体验和文化表达效果。

首先，在设计展览布局时，设计师可以运用色彩、光影等元素来强调藏品的特点和历史背景，增加藏品的吸引力和展示效果。同时，在照明设计上也要注意不要过度修饰或者过亮，造成游客反感或视觉疲劳的情况。对于某些具体的展品，设置单独的灯光或者成组的展示，会增强它们的艺术价值和观赏效果。

其次，通过设置不同的展柜组合，呈现出不同的主题和故事情节，使得游客能够系统、全面地了解文物和艺术品，从而增强他们的参观体验。针对某些大型文物，设计师应该适当降低它们的高度，以便游客近距离欣赏，更好地感受到它们的辉煌和意义，同时还可以增强展览的可读性和可访问性。

最后，设计师还可以利用具有诱惑力的图像来吸引游客的注意力，采用特殊的展示器材或者多媒体方式，提高游客的情感投入度。

（二）应用于音频导览、多媒体互动等方式的设计

在博物馆教育中，认知心理学还可以应用于音频导览、多媒体互动等方式的设计。这些方式能够提高游客的情感投入度和参与感，帮助他们更好地探索和领略文化遗产和艺术品的魅力。

在博物馆教育中，设计师可以通过设计音频导览、语音识别系统等工具来提高游客对文化遗产和艺术品的了解，进而让他们更好地沉浸在展品世界中。例如，利用语音识别技术制作智能导览，引导游客参加有趣的文化活动；或是运用虚拟现实技术将历史场景呈现出来，帮助参观者更立体地感受到历史文化氛围。

多媒体互动方式也是博物馆教育的重要形式。游客可以通过电子屏幕、VR设备和互动显示器等技术，体验道德和价值观的传达，同时也能够提高游客的情感投入度和互动感。比如，在一些科学类展览中，可以通过设置仿真场景模型、交互式小游戏等互动方式，让游客更感兴趣、更尽兴。

认知心理学还可以应用于母语导引方式的设计。许多博物馆已经把普通话、英语等语言设置为基本导览服务，但对于其他外语参观者，就需要提供各种语言的翻译导览服务。设计师可以通过音频、文字、图片、视频等方式将不同的语言界面呈现出来，增强游客对展品内容的理解，加强沟通和交流。

（三）应用于博物馆教育的评估

在博物馆教育中，评估是博物馆管理和运营的重要环节。通过收集游客的反馈意见和评价，可以了解游客对展览设计和导览方式的看法，从而调整方向和策略，提升教育效果。认知心理学也为这种评估提供了科学方法和指导原则。

博物馆可以使用访客调查等问卷来了解游客对展览、服务等方面的满意度。在设计问卷时，应该考虑到游客的认知水平和口语表达能力，并且采用简洁明了的问题和选项，以便游客更好地理解和回答。此外，还应该避免问卷过于冗长或主观偏颇。

在游客调查完成后，应该对数据进行统计和分析，运用一些认知心理学原理找到数据背后的来源和规律，以便获得更有效的信息和结论。例如，通过研究参观者的需求和关注点，设计师可以改进导览内容和呈现方式，加强展品与参观者的互动体验，提高参观者的情感投入度和学习效果。

博物馆可以利用交互式展品、记录游客行为等技术手段，收集游客的生理反应等数据，从而揭示影响游客体验的因素和机制。例如，通过监测游客面部表情、心率变化等数据，研究参观者对博物馆环境或密度的反应，调整展览环境和流量控制策略，优化参观效果。

二、社会建构主义在博物馆教育中的应用

社会建构主义是一种重要的社会科学理论，它强调我们对现实的理解和意义是通过社会互动和语言文化建构而来的。这种认知方式并非客观地存在于世界上，而是由人类自身所建构的。

在博物馆教育中，社会建构主义可以应用于各个方面，如展陈设计、参观活动等。在展陈设计中，应该考虑到不同文化群体的认知特点，采取多元的呈现方式，以便让游客从不同角度和层次了解和感受历史文物和艺术品。在参观活动中，可以鼓励游客之间相互交流，分享对展品的感想和认识，以便营造积极的交流和合作氛围。此外，社会建构主义还强调文化传承和历史记忆的重要性。在博物馆展陈设计中，可以加入历史时空的背景信息，并引导游客从宏观和微观两个层面去理解和探索历史遗迹的意义和价值。

（一）社会建构主义可以解释游客对展品的不同感受和反应

社会建构主义理论指出，人们对现实的看法和意义是通过社会互动、文化传承等因素构建而成的。在博物馆教育中，这一理论可以解释游客对展品的不同感受和反应。同样一个展品，在不同的文化、社会环境下，游客可能会有截然不同的认知方式和评价标准。

因此，博物馆教育者需要考虑不同文化群体的不同认知特点，以便为观众提供更贴切的服务。在展陈设计中，可以采取多元化的呈现方式，让参观者从不同角度和层次了解和感受历史文物和艺术品。例如，在展品呈现方式上，可

以采用各种不同的交互式展示形式，以便观众得到更丰富、直观和方便的体验。

此外，博物馆教育者还可以借助文化信息学、语言学、心理学等相关学科的研究成果，深入分析不同文化背景下参观者的认知行为和心理需求，发掘历史文物和艺术品内在的文化积淀和象征意义，进而更好地引导观众对展品的理解和评价。

（二）社会建构主义强调语言和交流在意义建构过程中的重要性

社会建构主义理论认为，语言和交流在意义建构过程中具有重要作用。在博物馆教育中，通过采用互动式的教学方法，鼓励游客间相互交流，分享对展品的感想和认识，既可以促进参观者的思维活跃，也可以提高沉浸式体验程度。

在展览陈列区域，可以设置讨论区、小组活动等互动环节。例如，可以设置专门的课堂或研讨会，由讲师或专家团队指导游客进行文物解读和交流。此外，在展陈设计上，还可以设置数字交互装置，让游客自行选择其感兴趣的展品，从而产生更加个性化的参观体验。

在音频导览中，可以加入参观者与导览员的对话交流，提高沉浸式体验程度。例如，可以设置好几个语言版本的音频导览，并且在某些时间段内进行现场导览或互动活动，这样可以有效地拓展观众参与的范围，使博物馆教育更加普及化。

（三）社会建构主义还强调文化传承和历史记忆的重要性

社会建构主义理论认为，文化传承和历史记忆与认知建构密切相关。在博物馆教育中，具有重要意义的是将历史、艺术品和文化遗产等资源进行有效整合，通过展览陈列和教学方法进行有效传达，让参观者从宏观和微观两个层面去理解和探索历史遗迹的意义和价值。

在博物馆展陈设计中，可以加入历史时空的背景信息，并引导游客从宏观和微观两个层面去理解和探索历史遗迹的意义和价值。例如，在大型展览中，可以为每个展品单独制作关于历史背景、制作工艺等的详细介绍，使参观者在较短的时间内获得更全面的历史信息。此外，还可以利用多媒体技术，采用视频播放、互动计算机、VR、AR 及 3D 技术等手段，创新展示形式，让参观者更加生动地感受历史时空的变迁。

除此之外，对于文物的文化与历史背景，也应该使用图表、图片等可视化工具，以便帮助观众更加清晰地了解历史文物的相关信息。采取这些措施，能够为游客提供更加丰富、多样化的参观体验，完善博物馆教育的文化价值和教育意义。

三、学习社区理论在博物馆教育中的应用

在博物馆教育中，应用学习社区理论的理念和方法，可以促进博物馆与参观者之间的互动和交流，打造更加开放、多元、包容、创新的学习环境。通过构建博物馆学习社区，不仅可以丰富教育形式、提高教育品质，而且可以加大文化遗产的传承力度，拓宽博物馆的社会功能空间，让更多的人能够享受博物馆带来的文化、知识、历史的魅力。最终，应用学习社区理论，有助于推动博物馆教育实现效果最大化，实现博物馆教育活动的可持续发展，为全民普及博物馆教育提供借鉴和启示。

（1）博物馆可以作为一个学习社区的载体，组织和开展多种不同形式的教育活动。

作为文化遗产保护的重要载体，博物馆不仅扮演着文物展示和文化传承的角色，也在文物保护与修复方面拥有丰富的知识和经验。在这一背景下，博物馆可以利用学习社区理论，组织和开展多种形式的教育活动，如研讨会、讲座、培训班等，来传授和宣传文物保护的技术与方法。

首先，在研讨会活动中，博物馆可以邀请相关专家团队进行指导和讲解，分享他们在文物保护领域的实践经验，并介绍新技术、新设备等文物保护方面的最新进展。同时，也可以邀请相关机构或团体与博物馆合作，联合主办研讨会，共同推广文物保护的观念和方法。通过这种形式，参与者将能够了解到文物保护的基本概念、技术手段等，同时也能深入探索文物修复过程中所蕴含的历史信息和价值。

其次，在非正式学习形式如讲座和培训班中，博物馆也可以组织相关专家和学者对文物保护方面的问题进行深入讲解。参与者可以通过现场观摩、听取专家的演讲和讨论等方式，了解不同情境下的文物保护方法及规范，掌握一定

的文物保护知识，在这里也可与其他有志于文物保护领域的人士建立联系。

（2）在博物馆知识传授方面，可以利用学习社区理论构建更加开放、自由、交互性强的学习空间。

利用学习社区理论的思想，博物馆可以创造更为自由、开放和具有交互性的学习环境，以促进知识的传播与共享。在展陈设计方面，通过增加各种互动装置、多媒体设备等硬件工具，让观众便捷地获取信息和知识。例如，安装声光电多媒体设备、互动屏幕、移动终端等，为游客提供更加立体化、直观化的展示形态，让每一个游客都能够身临其境，享受视听的感官体验。

此外，也可以在展览中引入虚拟现实（VR）、增强现实（AR）等新技术手段，创造更为生动、逼真、互动的体验。通过这些手段，观众可以在不同主题展区进行互动体验，感受不同文化的风貌，了解更多与文物相关的历史和文化背景，推进参观者的知识更新和技能提升。

同时，也可以鼓励游客之间相互交流和讨论，促进知识交流和分享。例如，在咨询台、沙发区、讲堂等公共场所，可以设置电子屏幕、小黑板、留言板等工具，让参观者能够自由留言、交流。同时，可以安排志愿者、讲解员等工作人员，在场馆内为游客提供定点讲解与指引服务，激发游客学习兴趣，传递更具有深度和广度的知识体验。

最后，可以增加多样化的信息载体，以增加学习动机和积极性。例如，提供参观手册、数字导览、图文展示等多种形式的学习资源，将基于互联网发布的博物馆网络课程、短视频、电子书等资料融入设计中，吸引更多目标受众进入博物馆学习社区并产生分享学习成果的动机。

（3）博物馆可以发挥社区组织的作用，与相关教育机构、非政府组织等实现互补发展。

博物馆作为一个文化遗产的载体和传承者，有着独特的优势和价值。在与相关教育机构、非政府组织等合作方面，可以发挥社区组织的作用，实现互补发展，提供更具多样性的学习资源，引导公众更好地认识和感受文化遗产所蕴含的深刻内涵。

　　例如，可以联合当地学校组织文物鉴赏、文化遗产保护实践等活动，并邀请博物馆中的专家与学者一起进行讲授和指导。通过这种方式，学生们将能够亲身认识文化遗产的真正意义，深入了解文化遗产背后所蕴含的历史和文化价值，增强他们对文化遗产的珍视和保护意识，也能够促进文化传承和知识普及。

　　此外，博物馆还可以与群众团体、社区组织、非政府组织等合作，共同开展各种形式的教育活动。例如，定期举办文化节、文化交流活动等，从不同维度呈现文化遗产的魅力和丰厚内涵，扩大博物馆在社会中的影响力和知名度。

　　最后，也可以利用互联网技术与媒体渠道，开展线上合作。例如，对于全球各地的观众，可以联合其他博物馆或在线教育平台，推出虚拟参观、远程沙龙等形式，让更多的人能够了解和感受文化遗产的真正意义和价值。

　　（4）在数字化技术的支持下，博物馆可以构建更加高效、便捷、开放的学习平台。

　　数字化技术的发展为博物馆知识传播与共享提供了新的途径和机遇。基于数字化技术，博物馆可以构建更加高效、便捷、开放的学习平台，推动博物馆知识和文化价值的全面传播和共享。

　　首先，通过网络直播、在线教育课程等措施，博物馆能够将知识传播范围扩大到全球。在数字化平台上，博物馆可以举办多种形式的活动，如网上讲座、在线研讨会等，将知识内容实时传送到各个角落。此外，也可以录制教学视频并上传到视频分享平台，或是通过移动应用程序（App）等形式，进行知识传播和交流，使得目标用户更加广泛，不受时间和空间限制，让更多的人在学习博物馆知识方面有所收获并参与其中。

　　其次，在数字化技术的帮助下，博物馆还可以利用社交媒体、微信公众号等渠道进行知识的推广和传播。这些平台具有广阔的覆盖面，可以把博物馆的信息和知识内容快速传递给广大观众，加强与公众的互动和交流，促进知识的共享。

　　最后，数字化技术也可以在博物馆内部进行应用，优化博物馆教育、展览及管理服务体系。例如，通过智能导览系统、虚拟现实沉浸式体验等，博物馆可以向游客提供更为便捷、立体、深入的参观体验。同时，利用大数据分析技术可以对博物馆的策展方案、展览效果及公众反馈等信息进行分析和整合，优化和升级文化产品和服务质量，为公众提供更好的文化旅游体验。

第二节　博物馆教育策略

一、基于 STEM 教育理念的博物馆教育策略

STEM 教育是一种跨学科教育，其核心理念在于通过科学、技术、工程和数学等领域的学习，全面提高学生的综合素质，培养出拥有创新意识、批判性思维和解决问题的能力等优秀特质的人才。而在博物馆教育领域，STEM 教育理念也同样具备重要的应用价值。利用 STEM 教育理念，博物馆可以打造更加互动、多元化的展览和教育活动，引导观众在实践探索中体验新知识，提高 STEM 领域的实践能力与创新水平，同时为公众提供更深入、更丰富的科学文化教育服务。因此，将 STEM 教育理念运用到博物馆教育领域中，有助于推动博物馆教育事业的进一步发展，提升公众的科学文化素质，更好地服务社会。

在博物馆教育中，STEM 教育理念可以被应用到展览和互动装置等方面，引导参观者探索自然现象和科学规律，深入思考和实践，并提高对科学知识的兴趣和理解。比如，在科技博物馆中，可以设置各类实验台、科技制品展示、交互式游戏等环节，让参观者通过亲身体验和实践探索科学的奥秘。例如，设计了一个基于物理原理的电子组装器互动装置，让观众在组装过程中能够直观感受力学、机械、电子等领域之间的关系，将抽象的概念变成具体的感性认知。同时，利用 VR/AR 等虚拟现实技术，将拟真化或场景重建等手段应用到博物馆展陈中，与传统的展品相比，大大增加了展览的沉浸感与趣味性，使参观者能够全方位接触科学知识。此外，博物馆还可以开设 STEM 主题课程，比如小学生的科技启蒙课、中学生的机器人编程课程等。这些课程不仅可以扩大公众的 STEM 知识面，在实践中更可发展学生们的创造性思维和批判性思考能力，而且也为博物馆提供了一种全新的文化和教育服务方式。

博物馆通过对 STEM 教育理念的应用，可以为社会大众提供一系列相关活动和课程，从而增强公众对 STEM 领域的认知和兴趣。这些活动和课程除传授知识外，还有助于引导参与者去探索并实践，从而锻炼自己的批判性思维和解决问题的能力。一方面，博物馆可以开设主题展览，如"科技革命"等，利用互动装置、VR 技术等手段向公众展示 STEM 领域的历史发展、现状和未来趋势，让公众深入体验科技变革给生活带来的影响，并通过了解前沿科技的应用，激励他们更加深入地学习和探索 STEM 领域的新知识。另外，博物馆可以举办基于 STEM 教育理念的专题研讨会、科普讲座等活动，邀请 STEM 领域的专家或学者分享学术成果和最新动态，向公众介绍 STEM 教育的理念和方法。此类活动不仅可以增加公众的 STEM 知识储备，还可以促进交流、分享 STEM 领域的经验和最佳实践，推广 STEM 教育理念。此外，博物馆可以开展 STEM（即将艺术元素加入 STEM）主题活动或课程，如音乐与科技、舞蹈编程等，既能突破传统 STEM 领域学科之间的界限，又能调动参与者对 STEM 领域的积极性和创造性思维，发挥其多元智能。

博物馆可以通过利用 STEM 教育理念，鼓励参观者进行创新创造，尝试将所学到的知识应用于实践中，并产生具有商业价值的创意作品。这不仅是一种能够提升 STEM 领域实践能力及创新水平的教育手段，同时也可以激发公众对科技创新、实践探索等方面的热情。

比如，在科技博物馆中，可以开设 3D 打印工坊、机器人编程营等活动，让参观者亲身体验 STEM 领域所涉及的创新技术，并进行实际操作，让他们从"看到"向"做到"转变。在 3D 打印工坊，参观者可以亲自进行设计制造，并对其完成的作品进行评估改进；在机器人编程营中，参观者可以通过编程语言和开源硬件来构建属于自己的机器人，了解机器人的原理和构成。这些活动既能提高公众的 STEM 知识储备，还能增强他们的实践能力和创新意识，为参与者提供一种 STEM 教育的实践路径。

此外，博物馆还可以与企业合作，开展一系列的科技创新竞赛、创客大赛等活动，广泛吸引 STEM 领域相关行业的人才和爱好者参与，共同探索行业发展的前沿态势，激发创新创造力。在这种活动中，参赛者可以将所学到的 STEM

知识与实践相结合，通过自身的创意和解决方案来展现他们的能力和实力，最终为社会提供更具商业价值的产品或服务。

二、博物馆教育课程设计

博物馆教育课程设计是博物馆教育事业中不可或缺的一部分。合理的设计可以帮助参与者更好地了解和探究 STEM 领域相关知识，提高 STEM 教育的实践探索能力，并增强 STEM 领域的创新意识。因此，博物馆应该注重教育课程设计，不断推进其教育事业的发展和创新，为公众提供更高质量的 STEM 教育服务。一个好的博物馆教育课程应该具备以下几个方面的特征。

（一）目标明确

对于博物馆教育课程设计来说，明确目标是至关重要的。针对不同受众群体，需要确定与之相应的教育目标和内容。这样可以保证参与者在学习的过程中有所收获，在意识形态、知识技能及实践探索等方面都能够得到提高。

在教育目标方面，博物馆教育课程设计需要通过设定合适的目标来确保参与学习者能够真正理解和记忆所学内容。比如，在一场展览教育活动中，可以把目标设定为了解该展览的历史背景、文化内涵、科技创新等内容，并通过互动展品和相关演示材料等手段让参与者更加深入地理解和探究产品或服务的价值。

在教育内容方面，博物馆教育课程设计需要充分考虑参与者的年龄、性别、文化背景等因素，精选并组织相关知识点和教学资源，使其能够符合参与者的需要并激发他们的兴趣。比如，在一个 3D 打印工坊的教育课程中，可以安排参与者学习 3D 打印的基础知识、设计思想和实践操作等内容，让他们了解这项技术在不同应用领域的作用，并通过亲身体验来掌握相关操作技能。

在教育方案的制定中，需要根据不同阶段和层次的参与者的潜力和需求，分别设置适宜的教学策略和方法。比如，针对青少年学生群体，可以采用游戏化教学、互动式讲解等方法，引导他们充分参与到教育活动中，并在课程结束时进行反馈和评估。

（二）环节合理

博物馆教育课程的环节设计是博物馆教育的核心之一，它直接关系到参与者的学习效果和体验感受。一个好的博物馆教育环节设计应该充分考虑参与者的学习需求和心理特点，通过尝试多种教育手段来引导或促进他们相关的学习或体验。以下是几个常见的设计方法。

（1）视觉化展示。利用图片、视频、幻灯片等视觉化展示工具，把知识和内容呈现在参与者面前，让他们更加形象、深刻地认识所学的知识点和概念。

（2）交互式游戏。通过设置有趣的游戏环节，吸引参与者积极参与，并在游戏中融入所学的知识点，让他们通过游戏体验来深入理解相关知识。

（3）实践操作。在博物馆实验室、工作坊等场所提供培训，让参与者亲自动手操作、制作相关实践项目，从而增强其对实际应用的理解和掌握能力。

（4）专业性演讲。邀请行业内领先人士进行演讲，进行深入的学术、科技方面的探讨，让参与者从专业人士那里得到更加全面的解读和诠释。

（5）小组项目。在博物馆教育课程中设立小组项目环节，让参与者在小组内合作完成相关项目的设计、制作等任务，既可以提高他们的团队协作能力，也可以为实际项目开发提供灵感和参考。

（三）教育手段多样

博物馆教育课程应该尝试多种教育手段，而不应只采用单一的教育手段。这样可以提高参与者的体验感和参与度，并让他们更好地掌握所学内容。以下是几个常见的多样化教育手段。

动手操作：让参与者亲身体验，在实际操作中掌握知识点，如通过 3D 打印技术制作模型、进行科学实验等。动手操作能够让参与者更加深入地掌握相关实践技能和知识。

（1）交互游戏。通过设置有趣的游戏环节，吸引参与者积极参与，并在游戏中融入所学的知识点，让他们通过游戏体验来巩固并深入理解相关知识。这种方式可以激发参与者的兴趣，并让他们愉快地学习。

（2）视听资料。利用图像、视频等视听资料来呈现所学的知识点和概念，可以更好地引导参与者了解并记忆相关知识点。同时，视听资料也可以为参与者提供新颖、丰富的视觉体验，增强他们的学习兴趣。

（3）演示教学。通过生动、形象的演示教学方式，让参与者更好地了解所学内容，加深对知识点和概念的理解。此外，可以结合实例或范例来进行演示，让参与者更容易掌握和理解所学内容。

（4）群体讨论。在博物馆教育课程中设立群体讨论的环节，引导参与者进行自由思考和交流，并从多个角度探究问题，帮助他们更好地理解和掌握所学知识。同时，这种方式可以增强参与者的社交能力和团队合作精神。

（四）评估有效

博物馆教育课程设计的评估和反馈是非常重要的，只有通过评估有效性，才能不断改进和提高课程质量。博物馆可以采用以下方法来评估参与者的学习效果。

（1）问卷调查。在课程结束后，为参与者提供问卷调查，引导他们对所学内容、教育过程以及博物馆服务等方面的情况进行反馈。这种方式可以帮助博物馆了解参与者的不同需求和期望，并针对潜在问题加以改进和优化。

（2）测验评估。利用测验或考试的形式对参与者的所学知识点或技能水平进行评估。这种方式可以让博物馆教育工作者掌握参与者的学习水平，及时发现和纠正存在的问题，从而提高教育效果和学习体验。

（3）数据分析。利用数据分析技术对参与者的在线行为、选择偏好等相关数据进行深入分析，以寻找潜在问题并做出相应的调整。例如，使用用户跟踪技术，分析观众在互动展台、工作坊和其他环节中的行为和偏好，从而更好地了解用户体验和课程质量。

通过以上评估方法，博物馆可以更加全面地了解参与者的学习效果，并有针对性地进行改进和提高教育课程的质量。此外，这些评估结果还可以为博物馆提供关键的参考信息，例如如何根据参与者的反馈和需求来制定更具吸引力和适宜性的教育方案，如何针对不同受众群体提供个性化、有针对性的教育服务等。总之，评估是博物馆教育课程设计过程中不可或缺的一个环节，只有通过评估有效性，才能真正提高教育质量和水平。

（五）持续完善

博物馆教育课程设计应该持续完善打磨。由于社会和科技的不断发展和变化，博物馆教育课程也必须跟上时代的步伐，保持革新和创新，运用最前沿的技术手段并持续更新教育内容，以达到更好的学习效果和参与者的体验感。

在教育课程设计方面，可以尝试以下几点。

（1）教育课程内涵的创新。博物馆应该不断关注当前及未来的科技趋势，结合参与者需求，更新教育内容和方式，并加强实践性，让参与者在所学的环节中充分体验真实技能的使用，来帮助他们更好地掌握集成整个行业生态的多领域知识。

（2）技术手段的更新。博物馆应该关注最新的技术发展，优先考虑引入新技术作为教学手段，如 VR、AR、AI 等，通过采用最新的技术手段来提高教育效果和参与者的体验感。

（3）参与者反馈的收集。博物馆应该定期收集参与者和专业人士的反馈和建议，对教育课程进行改进和优化，并不断更新和完善设计方案，以提升教育质量，让参与者在不断丰富、创新的课程内容中不断受益。

第三节 教育解释方法

博物馆教育指的是利用博物馆资源进行有针对性的教育活动，主要目的是通过观察和参与各种博物馆展品及其相关文化、科技、历史等知识点的互动、学习和探索，让参与者更好地了解和掌握相关知识，激发其兴趣，提高其素质和能力。

博物馆教育具有以下几个特点。

（1）以人为本。博物馆教育重视参与者的需求和兴趣，采取全方位、个性化的教育手段和方式，使其真正享受到学习带来的快乐和成就感。

（2）寓教于乐。博物馆教育强调互动、体验、创意等元素，通过各种游戏、实践和互动形式，帮助参与者边玩边学，从而达到寓教于乐的目的。

（3）多样性。博物馆教育中使用多种方法和手段，让参与者充分体验所学内容，如虚拟现实、互联网技术等，从不同角度提高参与者的兴趣和参与度。

（4）更新迭代。博物馆教育不断更新和完善自己的课程内容和手段，充分利用现代科技，不断调整和改进设计方案，使其更加适应参与者的需求和学习环境。

博物馆教育是一种集知识、文化、艺术和科技于一体的教育形式。通过互动探索和个性化的教育手段，它为参与者提供了一个丰富、多彩的学习场所，从而激发其创造力、想象力和探索欲望，并为构建美好社会、实现人类文明进步贡献着自己的力量。

第四节　教育活动评估

博物馆教育活动评估是对博物馆教育活动效果进行定性和定量分析的过程。它可以帮助博物馆了解参与者在教育活动中的学习成果和产生的影响，发现问题并加以改进，提高博物馆教育活动的质量和效果。

博物馆教育活动评估主要包括以下几个方面。

（1）效果评估。评估参与者在博物馆教育活动中所掌握的知识、技能和态度，并通过定量或定性研究来确定教育活动是否达到预期目标。

（2）反馈评价。向参与者征求反馈并收集相关数据，了解他们对教育活动体验和印象的感受和认知。这有助于博物馆了解参与者的需求和兴趣，以优化教育活动设计和实施。

（3）过程评价。评估博物馆教育活动的实施过程，如活动计划、活动执行、资源配置等，并针对问题提出相应的改进措施。

（4）保持更新。评估结果有助于博物馆不断完善和更新教育活动，应对不同学科、参与者年龄和文化背景的需要，充分发挥博物馆教育活动在终身学习中的重要作用。

　　评估博物馆教育活动的有效性不仅有助于提高教育活动质量和效果，也方便博物馆更好地满足访客和社区日益增长的需求和期望。同时，它还可以帮助博物馆制定长远规划，以确保教育活动的可持续发展。

　　博物馆教育活动评估在博物馆教育活动中扮演着非常重要的角色。它能够帮助博物馆更好地了解参与者的需求和兴趣，发掘潜在的学习问题，并为未来的教育活动提供指导。具体而言，博物馆教育活动评估可以带来以下几个方面的好处。

　　（1）提高教育活动的质量。通过评估博物馆教育活动的效果，博物馆可以更好地指导下一步的教育活动设计，以确保教育活动的质量和效果；还能够更好地了解参与者的需求和兴趣，从而根据不同的学科、年龄和文化背景开展有针对性的教育活动。

　　（2）优化活动流程。通过评估博物馆教育活动的过程，博物馆可以找出存在的问题并加以改进，从而使教育活动的执行更加顺畅和有效。

　　（3）推进博物馆教育的可持续发展。通过评估博物馆教育活动的效果，博物馆能够更好地制定长远规划，以确保教育活动的可持续发展。

第五节　数字技术在博物馆教育中的应用

一、数字展览在博物馆教育中的应用

　　数字展览作为博物馆教育活动的一种重要手段，逐渐成为博物馆展览和教育的标配。数字展览结合了传统博物馆展览和现代科技手段的优势，不仅扩大了参与者的学习范围，还提高了学习效果，并且能够让参与者更深刻地理解展品所涉及的知识和历史背景。数字展览在博物馆教育中的应用主要包括以下几个方面。

　　（一）互动性强

　　数字展览具有互动性强的特点，这是因为数字化技术可以为参与者创造一个更加真实、立体和交互的学习环境。数字展览采用虚拟现实、多媒体等方式将展品呈现出来，并提供了各种交互方式，为参与者带来了全新的学习体验。

例如，数字展览可以利用虚拟现实技术，让参与者身临其境地感受历史事件或文物背后的故事，增加参与者对历史、文化等方面的认知和理解。数字展览还可以利用多媒体手段，将博物馆中展品的文字、图片、视频等信息通过电子屏幕进行展示，使参与者能够清晰地看到细节和相关信息。

同时，数字展览也提供了各种互动方式，从而吸引参与者更加深入地参与学习。例如，数字展览可以借助交互式游戏、多媒体问答环节、触摸式屏幕等互动设备，让参与者通过问题解答和操作等方式更好地了解展品的信息和背景。

互动性强的数字展览还可以带来更好的学习效果和参与度。通过数字展览，参与者不仅可以被动地浏览展品，还可以在互动过程中主动地提问、探究和发现问题。这使得参与者能够更加深入地理解展品，并产生更多的思考和分享。同时，数字展览也能够增强参与者的学习兴趣和参与度，让他们更愿意在博物馆中学习和交流。

（二）多样性

数字展览的多样性是其在博物馆教育中应用的重要特点之一，它可以满足参与者不同的需求和兴趣。数字展览可以呈现丰富的内容，并在不同时间段内播放不同的内容，从而为参与者提供更加灵活、个性化的学习体验。

首先，数字展览能够在较小的空间内呈现丰富的内容。通过数字展览技术，博物馆可以将大量历史文物、艺术品、科学实验等知识在一个数字化平台上进行集中展示，同时还可以支持数字存储、多媒体呈现等形式，把知识内容呈现得更加直观、生动、有趣。

其次，数字展览可以在不同时间段内播放不同的内容。利用数字展览技术，博物馆可以根据参与者或展览期限，随时更新或调整展品内容，以达到教育目的。这种方法不仅能够吸引更多的参与者，还可以让他们感受到博物馆教育的活力和创新。

最后，数字展览内容形式多样，人们可以灵活选择感兴趣的内容参与学习。数字展览的形式包括音频、视频、互动游戏等多种形式，可以针对不同的受众群体提供相应的内容。例如，数字展览可以设置针对幼儿园、小学、中学和大学不同阶段的学习内容，灵活满足各种需求。

（三）可操作性强

数字展览的可操作性强是指其利用数字化技术提供了丰富灵活的交互方式，使参与者可以自由浏览、阅读、选择、输出所需信息，从而增加对展品的深入了解和学习体验。

首先，数字展览通常安排有专门的电子设备，如触摸屏、平板电脑等，方便参与者进行操作。通过这些电子设备，参与者可以随时选择自己想要了解的展品，自由控制展品的呈现形式、播放时间，还可以进行即时输出和分享信息。这样，参与者不仅能够更好地了解展品的知识，还能够获得更高质量的学习体验。

其次，数字展览的可操作性强还表现在它能够让参与者以自己的方式，更加个性化地学习。例如，数字展览可以为参与者提供多种语言支持，根据不同的文化背景，让他们更加贴近展品，并更好地理解相关知识。数字展览还可以根据不同的参与者需求定制展品内容，比如增加或减少展品细节、设置更深入的背景介绍等。

最后，数字展览的可操作性强还体现在它可以提供更多形式的交互方式，让参与者的学习体验更加个性化。数字展览不仅可以提供游戏、问答等方式的交互，还可以设置各种互动式环节，如拍照打卡、实物触摸、3D打印等，让参与者在玩耍中深入了解展品知识。

（四）超越时间和空间的限制

数字展览作为博物馆教育中的一种新型方式，具有超越时间和空间的限制的优势。数字展览能够随时在线或通过特定设备进行观看，不受时间和空间的限制，为参与者提供了更加灵活的学习方式。

数字展览的在线特性使得参与者可以在任何地点观看展品，无须前往实际博物馆进行参观。通过数字展览技术，参与者可以在家、在学校、在社区等任何地方访问展品，跨越空间的限制，增加了参与者的学习机会和便利度。

数字展览还能够跨越时间的限制，让参与者可以随时随地观看展品。传统的博物馆展览通常有期限和时间限制，而数字展览则不受这些限制，可以随时随地展示。这使得参与者可以选择自己喜欢的时间进行线上学习，同时也让那些因时间原因不能到访实际博物馆的人们有了更多的学习机会。

数字展览还可以通过特定的设备进行观看，为参与者提供更加灵活的学习方式。例如，数字展览可以在移动设备上进行访问，比如手机、平板电脑等，让参与者可以随时随地进行学习。数字展览还可以采用虚拟现实技术，让参与者通过 VR 设备更加生动地体验展品。

二、虚拟现实技术在博物馆教育中的应用

虚拟现实技术在博物馆教育中的应用可以为用户提供一种具有真实感的沉浸式体验。虚拟场景可以还原历史古迹、文化遗产等，使参与者能够从视觉、听觉、触觉等多个方面逼真地感受到博物馆中的展品。虚拟现实技术还可以通过互动方式增加学习的趣味性和可持续性，同时满足不同年龄段和兴趣的参与者需求，促进博物馆教育的发展。通过虚拟现实技术，参与者可以身临其境地感受历史、文化、科技等领域的瑰宝，从而更加深入地理解文化背景和历史变迁，并为传承和发扬优秀文化做出积极贡献。

首先，虚拟现实技术可以通过三维建模和渲染技术，将博物馆中的收藏品、文化遗产等内容还原到虚拟现实场景中，让参与者身临其境地感受历史、文化、科技等领域的瑰宝。虚拟现实技术不仅可以提供更精细的展示效果，还可以在观众的视觉、听觉、触觉等方面提供全方位的沉浸式体验。

其次，虚拟现实技术可以实现非常"真实"的体验，使参与者能够亲身感受一些曾经无法体现的经历或历史事件。例如，通过扫描和三维建模技术，可以将历史遗址、文物、艺术品等保存下来，再利用虚拟现实技术还原出完整而真实的场景，在不影响实物保护的前提下，让参与者可以直观地感受到历史的魅力。

最后，虚拟现实技术还可以为参与者提供更高效的学习方式。虚拟现实技术可以设计互动性强的环节，将游戏、故事情节等元素融入到学习过程中，从而增加学习的趣味性和可持续性。此外，虚拟现实技术还可以针对不同年龄段的用户设计不同的体验模式，以满足不同层次和兴趣的学习需求。

三、在线课程在博物馆教育中的应用

随着数字技术的快速发展，在线课程作为一种新兴的教育模式逐渐在博物

馆教育中得到了应用。在线课程通过网络平台等方式展示丰富的教育内容，并提供灵活多样的学习体验，不受时间和空间限制，让参与者可以根据自己的时间和实际情况选择学习的时间和地点，避免了因时间和地点限制而无法参加课程的问题。此外，在线课程还可以根据参与者的需求和兴趣，提供不同的课程内容和类别，采用图像、视频、音频等多媒体形式，以及调查问卷、测试题等交互式方式，增加学习的趣味性和效果，提高参与者的学习积极性和主动性。在线课程在博物馆教育中的应用，不仅可以方便参与者进行知识普及和科普宣传，扩大了博物馆文化的影响力和传播面，同时也可以减轻博物馆在教育资源上的压力。

在线课程使得参与者可以随时随地进行学习，不受时间、空间限制，让参与者可以根据自己的时间和实际情况，选择学习的时间和地点，避免了因时间和地点限制而无法参加课程的问题。此外，在线课程还可以根据参与者的需求和兴趣，提供不同的课程内容和类别。

在线课程注重交互性和互动性，提供了更加灵活、多元化的学习方式。在线课程可以采用图像、视频、音频等多媒体形式，以及调查问卷、测试题等交互式方式，从而增加学习的趣味性和效果，提高参与者的学习积极性和主动性，同时也可以满足不同年龄段和兴趣的参与者需求。

在线课程能够提供高质量的教育资源，促进博物馆教育的普及和推广。通过在线课程，博物馆可以向更广泛的参与者进行知识普及和科普宣传，扩大了博物馆文化的影响力和传播面，也可以减轻博物馆在教育资源上的压力。

第六节 博物馆教育与社会文化环境

一、博物馆教育与社区发展的关系

博物馆教育与社区发展之间存在着密切的关系。首先，博物馆作为文化机构和公共服务设施，其地位和作用不仅在于传承历史、弘扬文化、促进科技创新等方面，更在于促进社区和谐发展。通过开展各种形式的教育活动，如举办展览、讲座、夜间开放等，博物馆可以为社区居民提供学习、娱乐、交流的场所，满足社区居民的知识需求和文化需求，同时也能够增强社区居民的归属感和自豪感。

其次，博物馆教育可以成为社区发展的重要推动力量。通过对博物馆内收藏品等宝贵资源的挖掘和利用，结合社区实际情况，开展有针对性的教育活动，可以提高社区居民的文化素质和科学素养，增强社区的文化软实力和竞争力，从而推动社区经济和社会的发展。此外，博物馆和社区相辅相成，博物馆的成长和发展也需要社区的支持和参与。博物馆可以调动社区居民的热情和积极性参与博物馆教育活动，同时也通过各种途径回馈社区，传递正能量，促进地方文化建设和社会稳定。

总之，博物馆教育和社区发展之间存在着密切的关系。通过博物馆教育带给社区居民的知识和技能，以及在社区中的影响力和作用，可以推动社区文化、经济的发展。未来，随着社区的不断发展和博物馆教育的不断深入，两者之间的互动和合作将会更加密切，为推动社区的可持续发展和文化建设做出更大的贡献。

二、博物馆教育与人文科学研究的关系

博物馆教育和人文科学研究之间存在着紧密的联系和互动。博物馆是社会认识和显现历史文明、艺术成就、自然进化的非正式场所，同时也是公共性文化设施。人文科学则是关注人类文化、价值观、历史、艺术等方面的学科。这两者之间不仅有相互融合、相互借鉴的地方，更是利用博物馆资源来弘扬人文精神，推动人文学科的发展与普及。

首先，博物馆收藏着大量具有历史、文化和艺术价值的实物类资源，这些资源是人文科学研究的一大宝库。通过对博物馆内的文物、艺术品等进行研究和探索，可以为人文科学的研究提供重要的实物和数据来源。特别是近年来，随着数字化技术的不断发展，很多博物馆建立了数字化平台，将实物资源以高清影像、三维模型、AR/VR 等形式呈现出来，方便人文科学研究者利用其开展研究工作。

其次，博物馆教育是一种非正式的教育方式，通过博物馆内的文物、艺术品等的展示，可以让公众了解到关于历史、文化、科技等方面的知识。同时，这些展品还可以为公众提供实践基础和激发学习兴趣的契机。博物馆教育不仅可以帮助公众了解各类文化、历史等知识，也可以让公众了解当前重要的文化问题和社会现象，这些问题往往对人文科学研究具有重要的参考价值和启示性。

最后，作为文化机构和公共服务设施，博物馆需要与时俱进，积极探索新的教育方式和手段，以满足公众的需求和利益。近年来，博物馆不断引入互动性高、影响力大的活动，如新媒体参观展、VR/AR 互动体验、数字化参观展等，为公众提供多元化的教育机会。这些新的教育形式不仅为公众提供了更加生动、丰富、深入的体验，也为博物馆教育提供了更广阔的发展空间和新的研究方向。

三、博物馆教育与文化保护和传承的关系

博物馆教育和文化保护、传承之间存在着密切的关系。博物馆收藏了大量具有历史、文化和艺术价值的实物类资源，这些资源是文化传承和保护的重要组成部分。而博物馆教育则通过向公众展示和解释这些文物、艺术品等资料，让公众更加深入地了解和认识自己的文化遗产，从而推动文化的传承和发展。

博物馆收藏了大量的文物、艺术品等，这些资源不仅反映出人类历史文明的发展轨迹，而且还具有重要的文化价值。在博物馆内，这些文物得到了妥善的保护和管理，可以长期保存，为后代留下宝贵的文化遗产。同时，博物馆还承担着挖掘文化遗产、发现新的文化价值的任务，通过研究和整理博物馆内的文物资源，可以推进文化的传承和发展。

博物馆内收藏的文物、艺术品等资源，不仅是展品，更是教育活动的载体。通过举办展览、讲座、夜间开放等形式活动，博物馆可以向公众传递文化知识，让公众更加深入地了解自己的文化遗产，从而激发对文化遗产的保护和传承的兴趣和热情。同时，博物馆还可以通过引入新颖的研究方向和内容，提供多元化的文化教育，培养公众的文化素质和意识，推进文化的传承和发展。

博物馆所收藏的文物、艺术品等资源，不仅是文化保护的重要组成部分，也是博物馆教育活动的重要展品。通过博物馆教育的方式，公众可以更加直观

地感受到自己的文化遗产，从而更加关注和参与文化保护工作。而保护文化遗产、传承文化也可以为博物馆教育提供更加丰富的展品和研究方向，促进文化教育的多元化发展。

第四章　新时代下博物馆管理创新

第一节　新技术在博物馆中的应用

一、新技术概述

（一）定义和分类

博物馆新技术，是指利用计算机、互联网、数字化等先进技术手段，对博物馆馆藏的文物、艺术品等资源进行数字化处理、展示、传播。这些技术手段可以帮助博物馆更好地向公众展示和解释馆藏文物，并提供更加个性化、多元化的参观体验，也推动了博物馆教育、学术研究等方面的创新。

根据应用领域的不同，博物馆新技术可以分为以下几类。

（1）数字化技术。包括数字影像技术、三维重建技术、虚拟现实技术等，可以将博物馆内收藏的文物、艺术品等实物资源进行数字化处理，方便公众通过网络等渠道实现远程访问，也能够在博物馆内通过 3D 展示、VR/AR 等方式提供更加生动、丰富、深入的参观体验。

（2）新媒体技术。包括微信公众号、App、网站等数字平台，可以为博物馆提供更加个性化、定制化的服务，方便公众查找资料、预约参观等。同时，通过新媒体技术还能够为博物馆的教育、学术研究等方面提供更加多元化的手段和渠道。

（3）大数据分析技术。通过对博物馆内的数据进行采集、整理、分析，可以为博物馆提供更加深入的教育和学术研究支持。这些数据包括公众参观行为数据、人文资源数据、科技资源数据等，利用大数据分析技术，可以更好地了解公众需求、活动参与情况，也可以为展览策划、文化遗产保护等工作提供重要的数据支撑。

（4）智能化技术。如智能语音引导系统、智能机器人导游等，可以帮助博物馆更好地实现自动化服务，提高公众参观效率和体验质量。

（二）新技术在文化领域的应用

新技术在文化领域的应用非常广泛，下面列举几个例子。

（1）数字化展示技术。包括数字图书馆、虚拟博物馆、数字艺术馆等，可以将文化遗产以数字化的形式呈现出来，并与公众分享。

（2）人工智能。人工智能技术可以通过模拟人类思考方式，分析、处理和理解语言、图像、数据等信息，从而实现自动化服务。在文化领域，可以应用于文献检索、知识管理、文物保护等方面。

（3）虚拟现实技术。通过虚拟现实技术，可以让人们身临其境地感受文化场景，如古代宫殿、城市规划等。这种技术不仅能够带来视觉上的震撼，还可以为历史学者提供更多的样本和素材来进行推断和研究。

（4）大数据技术。大数据技术可以从数字化的角度来挖掘文化信息，例如通过大数据分析手段，可以对文化活动的获取与组织进行优化和提高。

（5）区块链技术。区块链技术可以打造数字化的版权保护机制，从而防止文化信息被盗用或者篡改。

（三）新技术影响下的传统博物馆面临的问题

新技术对传统博物馆的冲击和影响是显而易见的，这些变化与挑战主要体现在以下几个方面。

1.受众需求的转变

传统博物馆面临的受众需求转变是一个大趋势。随着新技术应用在文化领域中的不断发展和普及，人们在文化消费方面的选择和要求也愈加多样化和个性化。传统博物馆需要从受众需求的角度出发，注重文化产品与公众互动交流，提供更加符合其需求、兴趣和期待的展示和服务方式。

在满足受众需求的过程中，传统博物馆可以考虑采取以下措施。

（1）多元化的互动体验。除了传统的展品陈列，博物馆还可以引入与数字化和科技相关的互动体验，如全息投影、虚拟现实观景、互动式艺术装置等多种形式，在视觉、听觉、触觉等方面带来全新的感官感受。

（2）定制化服务。利用数据分析等技术手段，对公众进行信息搜集和行为追踪，并对其需求进行评估和分析，博物馆可以针对不同群体实行个性化策略，包括定制化导览服务、主题式游览路线、定制展览等，满足个性化的消费需求。

（3）艺术创意和科技创新相结合。在展览策划和布展方面，传统博物馆可以增加多样化的元素，如引入艺术创意、科技创新等因素，提高展览互动性和观赏性，从而吸引更多新的受众。

（4）教育与社交媒体的结合。结合社交媒体的特性，通过社交平台在线直播、讨论、推广博物馆的文化活动，以及为公众提供线上学习资料、群组、微信公众号等，使博物馆教育服务更为便捷、可及。

2.信息技术的挑战

在数字化时代，越来越多的传统博物馆开始关注数字化转型，以适应现代社会的需求。然而，数字化转型需要投入大量的资金和人力资源来开发、维护、更新信息技术系统。对于预算有限、人员匮乏的传统博物馆来说，这是一个巨大的挑战。

数字化转型需要大量的资金投入。建设数字化展厅、电子导览系统、多媒体教育设施等都需要高新技术的支持，在硬件和软件方面需要投入相当的资金。另外，数字化转型的成本还涉及到从各类文献和相关数据的获取以及整个数字化管理系统的建立和运营等多个领域。

数字化转型需要专业的技术人员。传统博物馆往往缺乏拥有相关技术知识的人才来设计、开发和维护数字化管理系统，这使得数字化转型更显得困难。因此需要采取一系列措施，如组建专门的研究队伍、与高校合作、定期举办技术培训等手段，来提高技术人员的能力水平和解决人力资源短缺的问题。

数字化转型需要长期的运营与更新。数字化水平建设完毕之后，博物馆还需要对各类设施和系统进行维护和更新。这是因为数字技术发展日新月异、技术和市场变化都很快，需要不断地升级和更新技术，使其更加符合时代发展和公众需求。

3.具体实施的困难

传统博物馆面临着越来越多的新技术冲击。如何采用这些新技术并将其运用到博物馆实践中，成为摆在博物馆面前的一个重要问题。但在具体实施中，博物馆也面临着许多困难和挑战。

虽然新技术给博物馆带来了更多的表现形式和交互方式，但在运用过程中需要考虑到传统博物馆特有的文化内涵和展陈方式。数字技术的引入必须与传统博物馆特色相结合，在保证更好地展示文物、提高最终用户体验的同时确保尊重文化本身，以达到价值的最大化。

数字技术的应用需要大量技术人员的支撑，因此成本较高，而一些传统博物馆往往缺乏专门的技术支持队伍。在使用新技术的时候，必须注意成本把控和效益之间的平衡关系，以确保运用新技术的效果与成本之间的可持续性。

在应用新技术的过程中，博物馆可能面临着大量数据的收集和处理，并存储在数字化平台上。因此，对于数字化转型项目来说，保障数据安全显得尤为重要，必须采取一系列措施来加强数据防护工作，避免遭受黑客攻击、被利用不当等问题。

4.文化价值的保护

在博物馆数字化转型的过程中，文物的版权、备份和保护等问题逐渐变得突出起来。如何在数字化重构过程中充分保护文化价值不受损害，是数字化转型过程中需要思考和解决的一个重要问题。

首先，对文物进行数字备份是非常必要的。通过数字备份可以实现文物原始数据的保存和共享，防止因火灾、故障等意外事件导致文物的毁损和丢失。数字备份有利于促进文化遗产的跨域研究、开发和交流，也可以为文化传播提供多元化的手段。

其次，数字化转型还需要考虑文物版权保护。博物馆拥有文物的所有权，并且可以根据相关规定申请版权保护。数字化展示的过程中必须遵守版权法的规定，以确保不侵害文物的版权。

最后，在数字化转型过程中需要高度关注文物的保护。博物馆数字化转型的过程，一方面可以加强文物的保护措施，比如加强安全系统的建设、强化风险管理等；另一方面也会带来一些新的风险，如技术安全威胁和网络攻击等。因此，博物馆在数字化转型过程中需要建立起以数据安全为核心的安全体系，确保对文物的全面保护。

二、数字展览技术在博物馆中的应用

（一）数字成像技术在博物馆中的应用

数字成像技术是一种基于数字化技术的影像处理方法，能够将三维物体数字化为二维图像，并实现对文物的纹理、颜色、形状等多个方面进行还原。该技术可以通过多角度拍摄和模型生成，获取文物完整的立体结构信息，从而实现虚拟展示并进行科学分析。数字成像技术不仅可以帮助博物馆保存珍贵文物、推广文化知识，同时也可以改变传统展览方式，使展览更加生动形象、丰富多彩。随着技术的不断进步，数字成像技术在博物馆展览、教育推广等方面将发挥更加重要的作用，推动博物馆数字化转型进程。在博物馆中，数字成像技术具有重要的应用价值，主要体现在以下几个方面。

1.文物数字化

在传统博物馆中，文物的保存、修复和保护都需要付出较大的代价。而数字成像技术的出现可以帮助博物馆更好地保护文物，同时也为公众提供了更加便捷、全面的文化遗产体验方式。

数字成像技术不仅能够将文物以三维模型进行数字化展示，还可以利用计算机技术对文物进行精确测量和还原。通过数字化的方法，文物可以在不受外界干扰的情况下得到完整保存，同时也可以方便地进行备份和共享，为文化遗产的传承和研究提供更好的条件和手段。

数字成像技术在文物数字化方面的应用使得博物馆可以利用虚拟展示的形式将文物呈现给观众，增加参观者的视觉效果和参与度。例如，博物馆可以将数字化文物与实物进行对比，让观众直观地感受文物经历的时间演变，以及文物之间存在的联系。观众还可以通过虚拟交互来深入了解文物的内部构造、特点和历史背景。

同时，数字化文物也可以作为教育推广的重要途径。数字成像技术让文物与观众实现了更加广泛、深入的互动。博物馆可以通过数字化展示给观众提供更为便捷的学习和认知方式，帮助他们更好地掌握历史文化知识。

2.展览设计

数字成像技术在博物馆展览设计方面的应用，是使参观者能够更好地了解文物特点及其所处的历史背景，增加展览趣味性和互动性的重要手段。

传统博物馆文物展览多采用相似的陈列方式。但数字成像技术则可以大量使用虚拟展品，例如全息投影、3D 打印等形式，以直观生动的方式呈现文物。数字化的三维模型可以被放置于展示柜中或悬挂在空气中，在不同的角度下显示，从而为参观者提供更丰富的视觉效果。与传统展区不同的是，数字化的展品具有更强的互动性和体验性，如交互式屏幕、智能语音导览、VR 游戏等。

数字成像技术在展览设计中的应用还包括集成多媒体技术，如声音、视频、图像等多种元素。这些多媒体技术不仅能够让参观者更加直观地感受文物所蕴含的信息，也可以帮助他们更好地理解文物的历史背景和文化内涵。

数字成像技术在展览设计中的应用也为博物馆提供了更多创新性的设计空间。例如，可以将文物的三维模型与特效、灯光等元素相结合，有效提高展览的艺术感染力和吸引力。

3.古建筑修缮

古建筑是我国丰富多彩的文化遗产之一，它们不仅具有独特的历史价值和艺术价值，同时也在某种程度上反映了当时的社会生活和文化发展。然而，由于时间和环境的影响，许多古建筑的结构、形态、材质等方面出现了不同程度的损坏。为了更好地保护这些古建筑，数字成像技术逐渐应用到了古建筑修缮领域中。

数字成像技术可以通过高精度的三维扫描和摄影记录古建筑的状态，获取其本身的结构、形态、材质等信息。通过对数字化数据的分析和还原，修缮人员能够更准确地诊断古建筑的问题，并制定相应的修缮方案，从而大大提高修缮的效率和准确率。

在古建筑修缮过程中，数字成像技术还可以为工人提供参考价值。修缮人员可以利用数字化的三维模型进行虚拟试验，例如注入不同的荷载来测试修缮效果或使用虚拟环境模拟天气变化、自然灾害等情况，以及检验修缮技术的可行性。这样能够避免实际修缮中的错误和损伤，并且又不用对古建筑本身造成过度的干扰。

数字成像技术还可以为古建筑修缮提供文化保护方面的指导。在修缮过程中，数字成像技术可以记录古建筑的整个修复过程、细节控制和材料选择等信息，并可将该信息存储于数据库之中，作为未来更新和修缮工作的参考。通过数据对比和分析，保证了修缮和维护的质量更加稳定和持久。

4.教育推广

数字成像技术不仅可以为博物馆文化遗产的保护提供技术支持，同时也能够利用数字化的方式对观众进行文化教育和知识普及。数字成像技术在教育推广方面的应用，通过虚拟展示、交互体验等多种形式，将文物、艺术品等资源呈现在参观者眼前，达到加强文化交流、扩大知识面和提高教育效果的目的。

首先，数字成像技术可以将文物、艺术品等数字化展示，以虚拟的形式呈现在观众眼前。观众可以通过这种数字展示方式更好地了解文物、艺术品的历史背景、文化内涵和制作工艺等方面的信息。数字化的展示方式可以充分满足不同年龄段、不同层次的观众需求，让他们享有更加丰富、有趣和深入的文化体验。

其次，数字成像技术还可通过交互体验等多种形式增强观众的参与感。例如，观众可以使用 VR 装置进行虚拟环境中文物的探索和游览，或是进行交互式互动，通过触屏等方式更深入地了解文物、艺术品的信息。这种交互式方法，将观众变成参与者，让他们在探索文物、艺术品的过程中，深刻地了解文化背景和内涵。

最后，数字成像技术也可以帮助教育工作者更好地开展普及性教育。通过数字化的方式，教育工作者可以为学生提供寓教于乐的文化体验以及关于文物、艺术品的科普知识，达到增长知识和启发思维的目的。

三、虚拟现实技术在博物馆中的应用

虚拟现实技术是一种模拟现实场景的计算机技术，它可以结合人的感知系统、多媒体技术和交互式实现方法，让人们沉浸在虚拟场景中。虚拟现实技术在博物馆中的应用具有广阔的前景，它将为博物馆展示带来崭新的思路和方式。随着技术的不断发展和普及，该技术会越来越多地应用于文化遗产保护和传承、教育推广方面，促进数字博物馆建设，丰富博物馆的内部形式和氛围，同时也是一种创新思维的展现。

在博物馆展示方面，虚拟现实技术也具有广泛的应用，以下列举几个方面。

（一）文物还原

虚拟现实技术可以将文物三维模型数字化，并结合 VR 眼镜等设备呈现给观众逼真的立体效果。虚拟现实技术在博物馆中的应用，为参观者提供了足不出户就能够亲身参观文物真迹的新方式。

通过虚拟现实技术，观众可以深入探索文物的历史背景、文化内涵和制作工艺等方面的信息。当观众戴上 VR 眼镜，就仿佛置身于一个带有 360 度视角和声音的虚拟世界中，可以与周围的环境和展品互动，并以自己的速度和风格进行访问和思考。

此外，虚拟现实技术还可以帮助人们更好地认识和保护珍贵的文化遗产。例如，在数字博物馆中，观众可以快速而准确地评估一件文物的保存状态，同时根据数字化的数据进行科学的文物保护和修复。这些操作都需要计算机图形学大量算法支持，而虚拟现实技术的应用对开发高效、可靠的算法模型提供了广泛的新机遇。

（二）虚拟漫游

虚拟现实技术可以为博物馆带来更加灵活的展示方式。例如，博物馆可以设立虚拟漫游区域，让观众穿上 VR 头盔，进行虚拟漫游游戏，探索博物馆内部各项藏品。这种游戏化的方式，可以缓解观众在参观过程中出现的疲劳感，增强参观体验和记忆效果。游戏的环境设置和关卡设计都可以使观众沉浸在历史文化氛围之中，同时也可以与博物馆内的藏品进行互动，深入了解文物背后的故事和文化内涵。

虚拟现实技术还可以创造更具有互动性和参与性的展示方式。例如，博物馆可以利用触觉反馈技术，让参观者通过手势和动作来控制虚拟环境中的展品和信息呈现，达到更加真实和交互式的体验效果。此外，在数字博物馆和网络博物馆中，虚拟现实技术也被广泛应用。通过 3D 建模、互动式游戏和仿真技术，观众可以足不出户地参观远离自己地域的博物馆，深入了解其他国家的历史和文化遗产。

（三）交互展示

虚拟现实技术可以为博物馆带来更具有互动性和参与性的展示方式。例如，博物馆可以设置一些交互展示，让观众可以跟虚拟展品进行实时互动，学习文化知识，并且获得更加深入的文化体验。特制的 VR 设备可以根据观众的移动而自动调整呈现内容，观众可以通过手势和姿势控制虚拟展品的操作和呈现方式。例如，在数字博物馆或网络博物馆中，观众可以利用手持设备或其他交互装置，控制虚拟盛宴中的聚会、游戏和交流等环节，了解古代人的生活和社交礼仪。

此外，博物馆还可以添加虚拟讲解员服务，通过 3D 模型和语音识别技术向观众介绍各种藏品、文物及其背后的人文历史等方面的知识和信息。虚拟讲解员可根据参观者的需求，提供定制化的讲解服务，使观众能够针对自己感兴趣的话题获取更加深入的文化知识。虚拟现实技术的交互性和参与性，不仅扩展了观众学习和认知的范围，同时也促进了博物馆文化展示方式的创新与发展。通过创造更加自主、丰富、多样的文化体验方式，虚拟现实技术为文化遗产保护和传承工作注入了新的活力和动力。

（四）虚拟讲解员

虚拟现实技术可以为博物馆添加虚拟讲解员服务，通过 3D 模型和语音识别技术，向观众介绍各种藏品、文物及其背后的人文历史等方面的知识和信息。这种虚拟讲解员服务不需要人类导览员，能够降低劳动成本，同时也使观众倍感新奇，科技感十足。博物馆利用虚拟现实技术添加虚拟讲解员服务，不但可以让观众自由参观，而且还可以随时获取相关的器物或展品信息，从而增强了观众对藏品理解的深度和广度。虚拟讲解员服务还可以根据展示的主题、时间、地域以及观众个性化需求，提供定制化且准确的讲解服务。

此外，虚拟讲解员服务通过使用多媒体内容，包括图像、声音、视频等形式，将文物复原并以三维立体呈现，使参观者更直观地感受和理解文物的形态和特征，同时也使文物在空间、时间上有了更具体的表达和传播。虚拟讲解员服务的应用，不仅可以降低人工导览人员的成本，同时也能够为参观者带来更加新奇和多样化的体验。它将在数字博物馆、移动博物馆等场所得到更广泛的应用，为文化遗产的保护、传承和推广提供高效、便捷、精确的手段和方式。

四、拓扑图技术在博物馆中的应用

拓扑图技术是一种空间数据可视化技术，它可以将空间数据以节点与边的方式进行呈现。在博物馆中，拓扑图技术可以应用于展品布局、导览及网络安全等领域。

在展品布局方面，利用拓扑图技术能够更好地评估和调整布局方案，实现展品的按主题和时代分类、连贯性布置、动线合理等目标。同时，拓扑图技术还可以帮助导览员实时跟踪参观者位置和行动轨迹，根据参观者需求或博物馆信息变化，及时调整导览路径和介绍内容，提供更加个性化的参观体验。

此外，在博物馆信息管理和网络安全领域，拓扑图技术也发挥着重要的作用。博物馆的信息资源、网络设备、服务器等可以通过拓扑图技术构建出网络拓扑结构的模型，让管理员能够更加清晰地了解和掌握博物馆内部各网络连接的情况，便于管理和维护。

因此，拓扑图技术在博物馆中的应用，不仅可以提高展品陈列和导览服务的效率和质量，同时也对信息管理和网络安全起到了积极的作用。未来，随着拓扑图技术的不断发展和应用，它将在博物馆中扮演越来越重要的角色，推动更多数字化、可视化的科技手段与文化遗产传播相结合。

五、移动互联网技术在博物馆中的应用

（一）移动导览系统在博物馆中的应用

移动导览系统是一种基于移动设备的博物馆导览方式，它通过使用手机、

平板电脑等设备,向参观者提供更加智能化、个性化的导览服务。在博物馆中,移动导览系统可以应用于展品介绍、路线规划、互动体验和数字化藏品等多个方面。

1.移动导览系统可以为参观者提供更立体、生动、丰富的展品介绍。

移动导览系统为参观者提供了更加个性化、多样化、立体化的展品介绍。参观者可以通过扫描二维码或输入编号,自主选择特定的藏品或展区,并获取相应的文字、图像、音频、视频等多媒体信息。

与传统导览不同的是,移动导览系统可以利用先进的技术手段完成更精彩、更立体的文化遗产体验。如全息影像、3D试衣镜等,可以让观众以高清晰度、更考究的方式,深度感受文化遗产的独特魅力和历史背景。

在使用移动导览系统时,参观者可以根据自己的兴趣和需求,自由选择需要了解的题材内容和文物对象。此外,和传统的导览相比,移动导览系统更加丰富多彩。如果有点无聊,也可通过导览系统上的互动小游戏、签到打卡等操作来改变游览体验,增加趣味性。

2.移动导览系统还能够为参观者提供更方便、快捷的路线规划服务。

传统博物馆导览通常依赖于导览员的计划和讲解,时间和展品组合都较为固定。但随着移动导览系统在博物馆中的应用,参观者可以更方便、快捷地选择自己感兴趣的主题或对象,进行个性化的路线规划。

通过移动导览系统,参观者可以根据个人的偏好和兴趣,选择具有代表性的文物或重点展区,实现重点参观和优化游览时间等目的。同时,移动导览系统也可以根据参观者所在的位置和实时情况,推荐最佳的导览路径和避免拥挤的优先路线,提供更加细致、贴心的导览服务。

采用移动导览系统不仅可以快速地找到感兴趣的展品和藏品,还能够精确地了解其历史背景、文化内涵等多种信息。通过数字化的方式,不仅让参观者对文献档案有更深刻的了解,亦使参观体验更加便捷和轻松,无需过多担心人群拥堵、错过重点展品的情况。

3.在数字化展示和互动体验方面,移动导览系统也有着重要的应用价值。

移动导览系统不仅可以提供基本的展品介绍和路线规划服务,还可以与博物馆数字化展厅、电子图书馆等其他系统进行联动，为参观者提供深度化、互动性更强的数字化展示和互动体验。通过与数字化展厅或电子图书馆等其他系统相连接，移动导览系统可以为用户提供更加立体、生动的文物信息。用户只需要利用搭载了特定应用程序的移动设备，对着感兴趣的文物或艺术品，便能够快速锁定其详细信息。这些信息包括背景介绍、藏品评估、制作工艺、文物鉴别、历史渊源等多个方面，让用户可以更为深入地了解自己感兴趣的文献档案。此外，在互动体验方面，移动导览系统还可以设置互动小游戏、签到打卡等操作，让参观者更有兴趣和参与感。这样的互动不仅加强了参观者的参与度和体验乐趣，也起到了很好的教育和宣传效果。

（二）移动互联网应用在博物馆教育中的实践

移动互联网应用在博物馆教育中的应用范围十分广泛，包括移动导览系统、手机 AR 功能、多媒体教学、移动学习应用等。这些应用方式丰富多彩，为博物馆教育带来了创新和发展，在提供更生动、形象、逼真的教学内容和学习体验的同时，也拓宽了文化遗产传承的渠道。

1.移动导览系统

移动导览系统是博物馆数字化发展的重要组成部分，它不仅可以为参观者提供更加全面、丰富的信息服务，也可以作为博物馆教育的重要手段，推动学生个性化和自主式的学习。

博物馆可以根据参观者的需求，开发适合不同群体的数字展览和互动学习内容，利用移动导览系统为学生提供更加多样、有趣的文化遗产体验。在数字展览方面，博物馆可以将精华内容集中呈现，通过配合影音、VR 等技术，让参观者身临其境地感受历史背景和文化内涵。与此同时，博物馆还可以利用移动导览系统向用户直接推送数字教育产品，如数字图书、电子文献、互动课件等，方便学生随时随地进行学习。

在互动学习方面，移动导览系统的应用也非常广泛。博物馆可以针对不同年龄段的学生，开发各种类型的互动教育游戏或模拟实验，如 AR、VR 场景模拟、3D 建模等，在增强学生互动体验的同时，也能够拓宽学生知识的视野。此外，移动导览系统还可以应用于互动问答、剧场演出、DIY 手工制作、文化体验等环节，增加参观者的学习兴趣和亲身体验感。

2.手机 AR 功能

手机 AR 功能在博物馆教育中具有重要价值，它是一种基于现实场景的增强现实技术。使用 AR 技术可以帮助参观者对文物、历史事件等具象化的事物进行更立体、生动的认知。

通过 AR 技术，博物馆可以将文物立体化呈现，使参观者更加直观地感受文物的历史背景、制作工艺、文化内涵等。例如，在观看展览时，只需要使用特定的手机应用程序扫描文物上的二维码或其他标识，就可以触发相应的 AR 效果，让文物呈现出逼真的三维模型、动画或音效等，让参观者在身临其境的情况下探究文化遗产的内涵和价值。

另外，AR 技术还可以为学生提供互动性更强的博物馆学习体验。如博物馆可以借助 AR 技术创建虚拟场景来模拟历史事件、人文风情等，让孩子们在沉浸式的体验中了解文化遗产。同时，AR 技术也可以为学生提供个性化的教学体验，如学生可以根据自己的兴趣和学科特长，创建自己的 AR 文物或展览模型，增强了学生的创造思维和互动体验。

3.多媒体教学

多媒体教学已经成为博物馆教育的重要手段之一，它可以利用多种形式的数字技术，包括视频、音频等，来提供更加生动、形象、逼真的教学体验。

通过制作多媒体教材或课件，博物馆可以呈现更加立体、生动、真实的文化遗产信息。例如，博物馆可以通过制作数字视频，让学生了解文物的历史背景、制作工艺等方面的知识；或者通过制作音频导览，让学生感受到博物馆场馆内部固有的环境氛围和文化特色。这些多媒体资源是传统教学所无法比拟的，有效地激发了学生对文化遗产的兴趣和好奇心。与传统教学相比，多媒体教学还具有灵活性和交互性强、效果容易评估等优势。多媒体教学无须过多准备时间和场地安排，提供了一个 24 小时不间断的学习平台，让学生可以随时随地接触文化遗产，进行自主式学习，并且能够根据个人的学习情况和兴趣，在任何时候停止、继续和调整学习进度。同时，多媒体教学还可以提高学生的参与度和交互性，让学生在听、看、做中进行更加丰富的文化遗产学习。

最后，多媒体教学的效果也容易评估。通过大数据技术、在线测试和评估等手段，可以对学生的学习成果和学习动态进行实时监测和分析，帮助博物馆更好地掌握学生的学习情况，不断改进和优化教学内容和方法。

4.移动学习应用

博物馆可以通过开发移动学习应用，为学生提供丰富多彩的教育资源、学习手段和练习场所，帮助学生深度地了解文化遗产内涵。移动学习应用是一种基于移动设备的在线教育平台，具有随时随地学习、互动性强等特点。

通过移动学习应用，学生们可以随时随地接触到文化遗产相关信息，参加在线互动、问答、交流等学习活动。例如，博物馆可以制作数字图书、电子文献等学习资料，让学生在移动设备上免费下载，并通过在线学习来获取文化遗产知识。此外，博物馆还可以制作各种类型的互动教育游戏或模拟实验，例如AR、VR场景模拟、3D建模等，使学生在玩乐中探究文化遗产的内涵和价值。

移动学习应用还可以为学生提供学习手段和练习场所。例如，博物馆可以开发在线测试和评估系统，让学生自主完成评测题库中的题目，进而检测和评估知识掌握情况；也可以提供在线研究论坛和数字图书馆等学习场所，使学生深入了解文化遗产研究的最新成果和前沿动态。

（三）利用社交媒体提高博物馆参观者体验

利用社交媒体是提高博物馆参观者体验的一种有效方式。随着移动互联网与社交媒体应用的普及，人们已经习惯于通过社交媒体分享自己的生活经历和旅行体验。因此，博物馆可以利用社交媒体来促进参观者与博物馆之间的互动和交流，让参观者更好地体验到文化遗产的魅力。

博物馆开设社交媒体账号，发布有关展览和藏品的信息，是与参观者进行有效沟通的一种方式。博物馆可以通过社交媒体平台，发布大量照片、视频和文字描述等与展览和藏品相关的资讯和故事，吸引更多人了解博物馆的最新动态，进而吸引更多的参观者。博物馆还可以邀请参观者通过社交媒体分享他们的参观感受，并与他们进行互动和回复，丰富参观者的体验。例如，博物馆可以在微博或微信上发起相关话题，让参观者通过发布照片、文字、视频等互动内容进行分享，在讨论中增强参观者之间的联系。博物馆还可以根据参观者的反馈和建议，优化博物馆的管理和服务，进一步提高参观者的满意度和忠诚度。博物馆在社交媒体上的宣传和推广也可以吸引更多的年轻群体和游客。社交媒体已经成为人们获取信息和参与社会活动的重要渠道，博物馆可以利用社交媒体这个平台，向更多人宣传博物馆的品牌形象和文化价值，培养更多爱文化、爱历史的人。

博物馆可以利用社交媒体作为教育性的平台，为广大学生提供在线学习的机会和优质教育资源。随着移动互联网的发展和普及，越来越多的人通过互联网进行学习和考试，利用社交媒体开设在线学习平台，使学生能够在任何时候、任何地方都可以学习文化遗产相关的知识和历史背景。博物馆可以通过网络直播、微信群等形式，为学生提供实时互动和丰富多彩的在线教育资源。例如，在博物馆开展某个主题展览时，可以通过社交媒体平台直播该展览现场，让学生在家中就可以参观虚拟展览，同时还可以与导游或讲解员实时互动、提问。另外，博物馆还可以制作各种类型的互动教育游戏或模拟实验，如 AR、VR 场景模拟、3D 建模等，以此来吸引更多的学生学习。通过利用社交媒体作为教育性的平台，博物馆可以为学生提供更加灵活、自主、高效的学习方式。学生可以在自己的节假日或业余时间随时随地进行学习，通过参与博物馆的在线学习活动，进一步拓宽视野、增加知识储备。同时，这种方式还可以拉近博物馆与学生之间的距离，使学生更深入地理解和体验文化遗产，进而逐渐形成保护和传承文化遗产的意识。

博物馆可以借助社交媒体组织各种形式的社交活动，以增加参观者的互动性和参与度。例如，通过微信、微博等社交媒体发布博物馆夜间参观的信息和优惠券等活动，来吸引更多年轻人前来参观。这些活动可不仅仅是普通的开放参观，而是需要有一定的特色和趣味性。例如，在活动中安排特别的表演、互动环节或者解密挑战等，让参观者在愉悦的氛围中深入了解文化遗产。博物馆也可以利用社交媒体开展线上问答、拍照挑战、特定答案抽奖等趣味活动来增加参观者互动性和参与度。例如，博物馆可以要求参观者在社交媒体上分享他们的图片和故事，进行各种互动挑战，从中选出最佳作品并给予奖励。这些活动除了能够提高参观者的兴趣和参与度，同时也能够为博物馆宣传带来更多的曝光率和关注度。通过在社交媒体平台上开展各种形式的社交活动，博物馆可以吸引更多参观者，增强参观者与博物馆之间的互动和联系。这些活动不仅可以提高参观者的兴趣和参与度，同时还可以通过参与者分享自己的经历和感受，进一步加深他们对文化遗产的认识和理解。在开展这些活动时，博物馆需要结合参观者的需求和兴趣，在活动中设计出符合他们的特点和审美的内容，才能达到最佳的效果。

博物馆可以通过在社交媒体平台上开展品牌推广活动，提升自己的知名度和美誉度。通过微信、微博等社交媒体发布有关博物馆的新闻和文化信息，可以让更多人了解到博物馆所展示的文化遗产，从而进一步吸引他们前来参观。博物馆可以通过这些渠道宣传其独特的历史和文化底蕴，并吸引更多人对文化遗产的关注和热爱。博物馆还可以结合线上展览和博物馆周边商品销售等方式，扩大博物馆的影响力和盈利模式。例如，在网上开设博物馆在线展览频道，将博物馆里的文物、艺术品通过互联网向全球用户展示，同时为用户提供全方位的收藏、学习和欣赏服务。同时，博物馆还可以开发博物馆周边商品系列，丰富游客的购物选择，增加博物馆的商业运营收益。这种方式不仅有助于宣传和推广博物馆品牌，而且也能够扩大博物馆的影响力和盈利模式，为博物馆的文化遗产保护和传承工作提供更多的经费支持。

六、人工智能技术在博物馆中的应用

（一）语音识别技术在博物馆中的应用

语音识别技术可以在博物馆中得到广泛应用，主要是通过语音识别技术来提供更加便捷、智能化的参观体验。例如，语音导览系统可以借助语音识别技术进行自然语言对话，为游客提供更人性化、高效的导览服务。同时，语音互动可以增强游客与展品之间的互动和沟通，为游客带来更丰富的参观内容。

以下是语音识别技术在博物馆中的应用。

1.语音导览

语音导览系统是一种运用语音识别技术的智能化参观方式。当游客在博物馆中需要寻找某个展品或者想要访问相关介绍时，只需通过语音与导览系统进行自然对话即可。这种模式可以极大地方便游客，在不受时间和空间限制下更好地了解展品信息。

语音导览系统在应用过程中，主要借助于语音识别技术实现自然语言理解和交互处理功能。系统内置了各种语音算法和语料库，可以准确地识别游客的语音指令，并快速为游客展示相关信息。这样，游客就不必担心自己无法找到展品或者浪费时间看带着复杂文字介绍的展品，从而使参观变得更加轻松、自由和愉悦。

除了提供基本的导览内容，语音导览系统还可以个性化设置，根据游客的兴趣爱好和参观历史，推荐相关展品和信息，进一步提升游客的体验感。此外，语音导览系统也可以记录游客的参观行为并反馈给博物馆，为后续展览改进和服务优化提供参考。

2.语音互动

语音交互技术是一种智能化、自然化的参观方式，可以增强游客与展品之间的互动和沟通。在科技类展览馆中，语音识别技术可以让游客通过语音发出指令，从而控制展品进行体验。

举个例子，如果有一个展品是仿真火车模型，游客可以通过语音识别技术发出相关指令，如"火车启动""火车停止"等，从而操作展品进行互动体验。这样，不仅可以提高游客对展品的检索速度和准确性，还可以为游客打造更加个性化的参观体验，增加游客与展品之间的互动和沟通。

此外，语音交互技术还可以结合虚拟现实技术、人工智能等多种先进技术，创造出更加真实、逼真的沉浸式体验，让游客更加深入地了解文化遗产和历史背景。

3.声控家居

博物馆建筑本身也可以应用语音识别技术，从而提高游客对建筑的探索和感知。例如，博物馆可以通过语音控制灯光、音乐及多媒体播放等方式，营造出更加独特、富有情感色彩的空间氛围。

语音控制灯光可以帮助博物馆在空间上创造更多层次和深度。游客可以通过语音指令调节灯光强度或颜色，进一步凸显展品或特定的场景氛围。同时，博物馆还可以将这些灯光设置成自动化模式，根据游客参观路线或者人流量实现自由切换，营造出更加智能化的体验环境。

通过语音控制音乐及多媒体播放可以为游客打造更具有感性魅力的场景。游客可以通过语音指令播放与展品相关的配乐、解说或音效，增加参观的趣味性和互动性。而博物馆也可以借此机会，引入更多的新媒体元素，如虚拟现实、增强现实等来增强游客的沉浸感和参观体验。

（二）图像识别技术在博物馆中的应用

图像识别技术可以为博物馆提供更智能化、个性化的参观服务。通过图像识别技术，游客可以获得更详细的展品信息，包括作者、年代、历史背景等。此外，博物馆还可以利用算法分析游客的行为和偏好，推荐个性化的参观方案和内容。在未来，随着图像识别技术的不断发展，博物馆将会使用更多 AI 技术，将数字技术融入到文化传承中，为文物保护和传承做出更大的贡献。

1.图像识别导览

利用图像识别技术，博物馆可以为游客提供更加智能化、便捷的参观服务。当游客看到展品时，只需通过手机拍下照片上传给系统，系统就会自动进行图像识别，进而提供相关信息和介绍。

例如，当游客在博物馆内看到一件艺术品时，只需要使用手机拍下照片上传至系统，系统便会自动识别此艺术品，并通过语音让游客听到此艺术品的详细信息，如作者、年代、历史背景等，同时还可以提供相关的图片和视频资料，方便游客深入了解此艺术品的文化价值和地位。这种方式可以帮助游客快速了解艺术品的基本情况，避免因语言限制或者时间限制而无法深入了解艺术品。

此外，图像识别技术也可以结合人工智能、云计算等先进技术，将游客上传的照片与博物馆所有的数字化信息进行交互，从而为游客提供更加个性化和丰富多彩的参观体验。随着技术不断的发展，图像识别技术在博物馆中的应用将会越来越广泛，进一步推动博物馆的数字化和智能化发展。

2.智能推荐与互动

博物馆可以使用图像识别技术来记录游客的行为和偏好，从而为游客提供个性化的参观方案和内容推荐。通过分析游客在博物馆中的行为模式、喜好等信息，博物馆可以针对不同的游客需求，提供定制化的参观服务。比如，当游客拍摄照片上传至系统时，系统会自动将游客的偏好进行记录，并为游客提供相关的展品推荐。

此外，博物馆还可以采用二维码或者 AR 技术等方式为游客提供更丰富多彩的参观体验。例如，游客在博物馆内扫描展品附近的二维码，便可获得更多有关展品的详细信息和历史背景。同时，通过 AR 技术，游客可以与展品进行互动，增加参观趣味性和互动性。

这种个性化的参观服务不仅可以为游客提供更好的参观体验，也可以帮助博物馆更好地了解游客需求和反馈信息，进一步提高博物馆的服务质量和文化价值。随着图像识别技术的不断进步，博物馆个性化参观服务将会变得越来越智能化、细致化，为博物馆数字化、智能化发展提供更强大的动力和支持。

3.艺术品鉴定

图像识别技术不仅可以在博物馆中为游客提供更加便捷、智能化的参观服务，也可以为美术馆等机构提高艺术品鉴定效率和精准度。

美术作品的真伪鉴定通常需要专业知识和经验，这是一项相对缓慢而繁琐的工作。但是，使用图像识别技术可以大大提高鉴定效率和精准度。美术馆可以使用图像识别技术来比对真品和赝品之间的微小差别，从而更快地发现和区分真品和赝品。此外，通过使用人工智能算法，系统还可以自动学习并识别特定类型的艺术品，提高鉴定精准度和可靠性。

当然，在实际应用中，需要配合专业鉴定人员进行画作真伪鉴定，以确保鉴定结果的准确性和可信度。但是，使用图像识别技术作为辅助手段，可以大大提高鉴定效率和精准度，并为美术馆等机构节省更多时间和资源。

（三）自然语言处理技术在博物馆中的应用

自然语言处理技术在博物馆中的应用，主要是为游客提供更加便捷、智能化、人性化的服务体验。借助自然语言处理技术，游客可以通过语音导览系统、自然语言问答系统和情感分析等方式，更好地了解博物馆藏品和历史文化，实现与博物馆之间的情感交流和个性化互动。

以下是自然语言处理技术在博物馆中的应用。

1.语音导览系统

博物馆可以使用自然语言处理技术开发语音导览系统，这可以为游客提供更加智能化、人性化的服务体验。语音导览系统可以通过耳机或者智能设备上的虚拟助手，为游客提供语音讲解、对话式导览等多种形式的参观服务。

以语音导览系统为例，当游客到达某个展品前，他们可以通过手机 App 或租借设备，调取相关语音讲解。在整个游览过程中，游客可以通过智能耳机、手机音频或者专门的参观设备听到语音讲解。此外，利用自然语言处理技术，博物馆还可以针对不同类型的藏品，制定不同的语音导览方案，并在导览过程中考虑游客的反馈和需求，从而提供个性化的参观服务。

除了语音讲解，自然语言处理技术还可以应用在对话式导览中。例如，博物馆可以配备智能虚拟助手，游客可以通过智能设备与虚拟助手进行实时对话，询问有关展品的问题，获取即时准确的答案和详细信息。

2.自然语言问答系统

博物馆可以利用自然语言处理技术开发针对常见问题的自动回答系统，为游客提供更加方便和快捷的参观服务。这种系统可以通过手机 App、网页资讯、语音控制、智能机器人等平台，让游客以自然语言方式询问有关藏品、展览等方面的问题，并且可以获得即时、准确的答案。

博物馆的自动回答系统通常将数据与知识管理系统相结合。比如，在知识库中，博物馆会收集并整理不同的藏品信息、历史文化信息以及展览信息等，同时建立相关的自然语言处理模型来实现自动回答功能。当游客发起询问请求后，系统会自动匹配相关信息，并以自然语言方式回答游客的问题。

这种系统不仅可以让游客更加方便地了解博物馆信息，而且可以帮助导览员和工作人员释放压力，使其有更多时间和精力处理其他事务。此外，使用自然语言处理技术还可以降低错误率和提高回答速度，更好地满足游客需求。

3.情感分析

博物馆可以利用自然语言处理技术分析游客在游览过程中的情感状态，以此为依据优化博物馆参观服务。例如，当游客拍下某个展品的照片时，他们可以通过 App 向博物馆提供反馈和评价，系统则可自动分析游客的情感状态，并根据结果提供更加贴近游客需求的参观服务。这种方法可以帮助博物馆更好地了解游客的需求和反馈，从而对参观服务进行优化。

一般来说，博物馆会利用自然语言处理技术来对游客反馈的信息进行文本情感分析。系统可以通过分析游客的语言表达方式、使用词汇以及情感色彩等因素，来判断游客的情感状态，并根据分析结果对参观服务进行调整。例如，如果游客反馈称某个展品不易看清，那么系统可以根据反馈调整展品展示的位置，从而给游客带来更好的视觉体验。

七、多媒体技术在博物馆中的应用

（一）视频展示技术在博物馆中的应用

在博物馆中使用视频展示技术，不仅可以为游客提供更加直观、极具影响力的体验，也可以更好地保护和推广博物馆藏品的价值。随着技术的日益发展，视频展示技术将继续成为博物馆数字化和智能化的重要组成部分。

1.视频资料展现

博物馆可以运用视频展示技术，让游客通过演示切身感受博物馆所收藏的历史文化价值。博物馆可以酌情将存放于博物馆资料库内并已授权公开展示的藏品、文物、图片、视频资料等内容以屏幕投影、高清 LED 显示器等形式进行展示，向游客展示博物馆内的珍贵文化遗产。

显然，采用视频展示技术可以更好地呈现藏品的细节和特征，也能够扩大藏品被观众了解的范围。例如，在展览厅中安装 LED 高清屏幕或投影仪，可以通过高分辨率、360 度景深全景、虚实互动等手段让游客"近距离"领略博物馆馆藏的魅力和历史价值。此外，通过视频展示技术，博物馆还可以利用音频、文字、视听一体化等多种方式来展示藏品背后的故事和传承，让游客有更加全面深入的理解。

2.VR/AR 技术展现

虚拟现实（VR）和增强现实（AR）技术可以被应用到博物馆中，让游客在虚拟空间中互动体验博物馆内的展品。这种技术可以为游客提供更加生动、直观的参观体验，同时也可以帮助博物馆更好地保护和展示珍贵的文化遗产。

虚拟现实技术利用佩戴设备来模拟出一个虚拟的环境,游客可以穿越时空,沉浸到历史场景中，感受文化积淀的厚重感，如《故宫博物院》VR 全景导览工程。而增强现实技术则是将数字内容与现实世界进行结合，游客可以通过智能手机或其他可视化设备，在真实环境中看到虚拟图像的投影或者营造出新的主题，比如使用 AR 技术可以通过呈现博物馆藏品的三维模型、展示不同时间段的场景、解说藏品背后的故事等来丰富参观体验。

3.大屏幕沉浸式展现

在博物馆内部安装大屏幕显示器,是为游客提供更加身临其境的参观体验。通过高清画质、360 度旋转摄影机、全景视频播放、自由视角等功能，让游客可以跟随历史人物和事件一起感受历史氛围。

这种技术可以让游客从更广阔的视角了解到历史文化，并且以非常细腻的方式呈现给他们。例如，在博物馆内部安装大屏幕显示器可以模拟历史场景，如战争、重要事件及盛会等，游客可以通过演示跟随键借助触控屏或手持遥控器更好地了解历史背景，深入了解人类的发展过程。此外，安装 360 度旋转摄像机和全景视频播放技术，可以让游客跟随着实景感受文化体验，将他们带入到历史真实的场景中去，在增加互动感受的同时，也扩大博物馆的魅力范围。

（二）音频展示技术在博物馆中的应用

音频展示技术在博物馆中的应用为游客带来更加丰富、多样化的参观体验。通过音频导览、音频剧场节目、音乐会演出等手段，游客可以更好地了解藏品和文化活动，并且以一种非常愉悦的方式进行学习和探索。音频展示技术将继续成为博物馆数字化展示的重要组成部分，也将与其他数字科技融合创新，拓展更多场景和领域。

1.音频导览

博物馆可以提供智能设备或者耳机，让游客通过触发系统播放对展品的详细解说、介绍和历史背景。这种技术被称为音频导览，能够为游客提供更加生动、直观的参观体验，同时让游客可以在更短的时间内了解到更多的信息。

音频导览不仅能让游客更好地了解展品的历史背景和文化价值，还可以提供不同语言版本的解说，满足不同游客的需求，扩大人群的接受范围，也促进文化的多元性认识。此外，在表达方式上，音频导览也很灵活。它不仅可以包含专业的解说员讲解，还可以融入精美的配乐和声效等元素，让游客沉浸在一个充满张力、感情和故事性的场景中。

2.音频剧场

博物馆可以开发并展示与藏品相关的音频剧场节目，如通过发现历史事件、人物故事，启迪思考、引导培养公民素质及社会价值观，增强文化自信心。这些剧场节目可以是有声小说、音乐会、访谈等形式，利用音频的魅力吸引游客，让他们在日常生活中也能够不断地接受文化的熏陶。

音频剧场节目是一种数字化转型，它可以传达更多博物馆蕴含的文化内涵和精神，其中包括历史事件的背景和人物、文化艺术的演进和源头、社会传统和价值观等。这些节目以冷静的方式呈现出来，触发听众情感共鸣，引发他们对文化的深入思考和探索。此外，还可以提供不同类别的音频产品，如具有互动性质的虚拟体验、全景声效模拟、录制讲座或者为电视台制作的音频内容等，扩大听众的范围。

3.音乐会演出

博物馆不仅是文化遗产的保存者，也是文化艺术交流的平台。除了展出藏品和提供数字化参观体验，博物馆还可以举办音乐会演出，为游客带来全新和极具情感的体验。

音乐会演出可以展示不同类型的音乐和艺术形式，包括传统和现代文化之间的交流和融合，在呈现区别于传统博物馆的娱乐性的同时，也在前所未有地启迪着人们的欣赏水准。例如，博物馆可以邀请国内外知名音乐人、乐团或合唱团等，现场演绎不同文化背景下的音乐作品，向观众展示世界各地的音乐风格和表现形式。这种演出形式既能够将音乐作为一种文化艺术进行推广，也能够让游客深入了解文化多样性，增强文化自信心。

此外，博物馆还可以通过音乐会的方式结合其他文化活动，如艺术展览、文化节日等，让游客在欣赏音乐的同时体验更多的文化魅力。这种文化跨界交流的方式，不仅有助于博物馆的数字化转型，也能够吸引更多的年轻游客和文化爱好者。

（三）其他多媒体技术在博物馆中的应用

除了音频导览和音乐会演出，还有其他多媒体技术在博物馆中得到应用，以下是一些例子。

1.视频展示

博物馆可以将影视技术运用到展品介绍与解说之中，如 3D 投影、高清电视屏幕播放。这样既能够向游客呈现更加丰富、生动的图像效果，也提供了更加直观的参观体验方式。

2.互动展示

为了增强游客的参与感和互动性，博物馆可以利用虚拟技术、AR 等技术，为游客提供身临其境的感觉，包括接受翻译、互动展示、成长对比、动画制作等活动。

3.参观 App 或者网站

博物馆可以开发手机 App 或者网站，为游客提供在线参观体验，通过数字化的方式，让游客不必再跑来跑去，就可以全方位地了解展品，同时为游客提供语言翻译、在线讲解、活动信息等辅助功能。

4.电子书籍

博物馆可以将展品与电子书籍相结合，为游客提供宝贵的文化资源和知识内容，并以互动方式将电子书籍与展品的背景和历史进行交流融合，创造一个文化内涵更加丰富的展览场地。

第二节　博物馆品牌建设和文化创意产业发展

一、博物馆品牌建设理论与实践

（一）博物馆品牌概念及其特征

博物馆品牌是指作为一个品牌的博物馆，具有独特的形象、文化和价值观。

它将历史、传统元素转化成标志性的形象，并注重教育性和文化性的属性，强调创新与活动性，并承担社会责任。博物馆品牌具有较高的知名度和美誉度，能够吸引更多的游客并提供更好的参观体验。

博物馆品牌主要有以下几个特征。

1.历史与传统

博物馆品牌通常会将本土的历史、文化和传统元素转化成一种标志性的形象，并融入到品牌中。它们致力于通过这种方式让人们对当地的历史与文化有更深刻的了解，从而引发游客的兴趣和共鸣。同时，博物馆品牌也能够带动当地文化产业的发展，促进经济的繁荣和社会的稳定，是一个既具有文化价值又具有经济价值的品牌形象。

2.教育性和文化性

由于大部分博物馆都带有教育性和文化性的属性，因此，建立博物馆品牌时要注重体现这些属性。品牌应该强调对藏品的挖掘和发掘、传承和展示，以便向游客呈现丰富而精彩的历史和文化背景，并在社会各个方面推广博物馆文化。同时，博物馆品牌可以通过举办各种活动和展览来促进对文化价值的理解和认知，从而将博物馆的教育和文化性质传递给更多人。

3.创新性

博物馆作为一个特殊的文化场所，应该鼓励其不断创新思想，尤其是将现代科技等应用到博物馆展览和解说中。这样可以更好地满足游客日益增长的需求，并提供更加优质、生动以及深入的参观体验。例如，博物馆品牌可以利用虚拟技术、AR、VR、AI等高科技手段，让展览更具有互动性和体验感，提高游客的参与度和吸引力。只有在不断发展和更新中，博物馆才能保持活力，吸引并留住更多游客，也传达出博物馆对现代文化和未来发展的关注和探索。

4.活动性

博物馆品牌应该注重强调自身的活动性，通过举办专题展览、音乐会、儿童互动游戏、教育讲座和工作坊等各种活动，为不同年龄段和文化背景的游客提供更加丰富多样的参观体验，并增强游客对博物馆品牌的认知和美誉度。这些活动是博物馆品牌向外界展示其独特价值和形象的重要方式，也能够吸引更多的游客并提高其留存率。通过这种方式，博物馆可以实现与公众的密切联系，加深社区和游客对博物馆品牌的了解和认同，并在推广自身文化的同时，在社会中发挥更大的文化和社会价值。

5.社会责任感

博物馆作为一种文化事业，其品牌应该具有社会责任感，并关注环境保护、传统文化保护和社区发展等方面，为地方社会做出贡献。博物馆品牌应该积极参与到当地社会生活中去，并通过各种方式向公众普及和宣传重大的社会问题和文化价值观念，促进社区发展和文化交流，增强社会凝聚力和文化认同性。同时也要加强文物保护，反对文物盗窃和非法交易。这些措施既能提高博物馆品牌的社会影响力和公信力，也能够使整个社会更加珍视和保护文化遗产，推动人类文化共同体的建设。

（二）品牌定位与策略的制定

博物馆品牌的定位和策略的制定对其发展非常重要。品牌定位需要基于博物馆的特点、优势以及目标受众而制定，而策略则应根据定位选择合适的营销手段和推广渠道，如社交媒体、举办活动等，从而有效地宣传品牌形象，提高知名度和美誉度，并带来更多的游客和收益。因此，只有制定科学合理的品牌定位和策略，博物馆品牌才能够更好地立足于市场，实现长久的发展和成功。

1.定位目标

博物馆品牌的定位目标是制定品牌策略的首要任务，以便最大限度地利用资源。此目标需要确立博物馆品牌在教育性、文化性和科技创新三个方面的重点，并考虑适合哪个年龄段的人群。例如，如果博物馆注重文化价值和历史传承，则应该在展品区域和宣传推广中突出这些元素；如果注重教育性，则可以开设旅游课程、规划互动环节等；如果注重科技创新，则可以将新技术应用于展览和活动中。因此，博物馆品牌定位目标的明确不仅可以更好地满足游客需求，增加收益，而且还能够提高品牌形象和美誉度。

2.品牌形象设计

根据博物馆品牌的定位目标，应该打造一个独特、富有吸引力的形象设计，其中包括标志、字体、色彩和宣传语等。这些元素应该以本土文化和历史为基础，反映出所在地区的独特文化底蕴，并充分体现其文化和教育属性，从而在游客中留下深刻的印象和良好的口碑。同时，这些设计也应该具有辨识度和时代感，以便更好地吸引年轻一代的游客。比如选择一种富有科技感的设计风格，或运用互动技术与实物结合的展览手法。通过这些方式，博物馆品牌可以在活化自身传统文化的同时，提高市场竞争力，扩大品牌影响力，在同行业中进行差异化竞争。

3.参与社交媒体

积极参与社交媒体平台是博物馆品牌制定营销策略和扩大知名度的必要手段。社交媒体可以让博物馆品牌更快地推送信息，吸引关注并留住用户，同时在平台上了解游客需求，分析用户数据并提高运营效率。博物馆可以借助社交媒体的平台优势，将博物馆品牌形象及信息推向全球，并进一步积累知名度和美誉度。在社交媒体平台上，准确把握受众特点和偏好，可制定更加精准的营销策略，例如把个性化活动推送给目标群体，以便吸引且留住用户。总之，在参与社交媒体平台并执行相应的营销策略方面下大力气，不仅有助于博物馆品牌内部的互动和传播，也会对整个博物馆品牌在市场中的竞争力产生重要影响。

4.提供个性化服务

博物馆品牌应该注重提供个性化的参观服务，以满足不同游客的需求，并给其留下深刻的印象，促进回头客数量的增加。举例来说，可以推出语音导览、在线预约和VIP等服务，这些服务既能够提高游客体验感和便利程度，同时也为博物馆品牌赢得更多忠实粉丝。比如，为年轻人量身打造互动型参观方式，让他们获得与众不同的游览体验；或者提供支持无障碍访问的服务，帮助有特殊需要的游客获得更好的服务体验。通过这种方式，博物馆品牌可以为游客提供个性化、定制化的服务，从而提高品牌美誉度和游客到访率。

5.举办特别活动

博物馆品牌需要通过举办特别活动来吸引游客并提高品牌美誉度，如主题展览、音乐会、文化节等，这些活动不仅能够增加游客的参与度和吸引力，在市场上产生关注度，同时也能够加强与当地社区的联系。比如，可以在博物馆中开设儿童互动体验区或者探究实验室等,让更多的人了解和发掘博物馆底蕴，从而产生长久的兴趣和记忆。此外，也可以联合当地文化机构或者历史遗迹进行合作，共同推出系列化的文化活动，为游客提供更深入的文化体验。通过这些限时性的特别活动，博物馆品牌可以吸引到更多的游客，加强与当地社区的联系，更好地传播品牌形象和价值，提高品牌的知名度和美誉度。

6.保持更新改进

博物馆品牌需要不断更新和改进，利用最新技术和资源提供更好的参观体验，让游客感受到对文化发展的关注和投入。这可以包括数字展览、增强现实、虚拟现实等现代科技手段，以及更具吸引力的展览策划和体验设计。通过不断地创新和改进，博物馆品牌能够留住游客并吸引更多的人前来参观，同时也能够为文化传承和发展做出更大的贡献。

（三）品牌视觉传达设计与执行

品牌视觉传达设计是指利用视觉元素表现品牌的核心价值、特点和个性，包括标志、颜色、字体、排版等，以此来建立品牌形象，并与受众进行有效的沟通。品牌视觉传达的执行则是将这些视觉元素应用于品牌相关的各种媒介和场景中，确保品牌形象的一致性和可识别性。在执行方面，需要考虑适合不同媒介和平台的视觉规范和设计要求，如网站、社交媒体、印刷品、广告、展示等。

品牌视觉传达设计需要深入了解目标受众、市场竞争等因素来确定品牌形象所要表达的信息和特质。在设计过程中，需要使用各种视觉元素来表现这些信息和特质，如选择符合品牌个性和价值观念的颜色、字体和排版方式来传达品牌的特点和不同之处。设计出易于识别和记忆的标志将有助于提高品牌形象的辨识度，从而增加消费者对品牌的信任感和好感度。通过品牌视觉传达设计，公司可以更好地向消费者展示自己的独特价值并与客户建立深度联系，同时也可以在激烈的市场竞争中脱颖而出，并最终取得商业成功。

品牌视觉传达的执行需要根据不同媒介和平台的特点来进行适应和调整，以确保品牌形象在不同环境中的一致性和稳定性。在执行过程中，需要考虑到不同媒体和平台之间的差异和相互影响，选择合适的视觉规范和设计要求，并运用合适的设计元素来增强品牌的吸引力和可识别性。例如，在设计网站时需要着重考虑用户体验和交互，选择合适的布局和色彩组合；在社交媒体上，需要灵活运用视觉元素来满足平台特点和受众需求，从而吸引更多用户关注。有效的品牌视觉传达的执行有助于提升品牌形象、增强品牌认知度、吸引目标客户，进而实现商业价值最大化。

品牌视觉传达的设计和执行需要持续进行监测和评估，以保证品牌形象始终符合目标受众的需求和市场竞争的要求。通过市场调研、用户反馈和竞争分析等手段，可以及时了解品牌形象的表现效果和不足之处，确定改善方向，并采取有效的措施来提高品牌形象的稳定性和可识别性。评估内容包括品牌形象设计和视觉元素的一致性、适应性和吸引力，以及品牌在不同媒介和平台上的表现效果和受众反响。通过对品牌形象的持续监测和评估，企业可以更好地优化并提升品牌形象，从而增强品牌价值和商业成果。

（四）品牌声音传达设计与执行

品牌声音传达是用声音元素表现品牌形象和价值的方式，包括声音标志、音效、配乐等。品牌声音传达设计与执行需要考虑到品牌所要传达的信息和受众需求，以及不同媒介和场景对声音效果的限制，以达到最佳表现效果和影响力。这种差异化和个性化的声音传达能够让品牌在市场中更加引人注目，并提高消费者对品牌的认知度和好感度，进而实现商业目标。

在品牌声音传达的设计方面，需要深入了解品牌的核心特点和目标受众，并据此来确定声音元素的选择和应用方式。例如，在设计品牌标志的声音时，需要考虑到声音的辨识度和易于记忆性，以便让消费者在听取品牌声音时能够迅速地将其与品牌形象联系起来。同时，品牌标志的声音也需要与品牌的形象和定位相符合，从而为消费者提供一种真实的品牌感受。而对于配乐和音效，则需要根据品牌的情感、氛围和目标受众等要素来予以协调，从而提升品牌声音形象的吸引力和影响力。比如，如果一个品牌主打年轻、时尚、活力等元素，那么在配乐和音效的设计上就需要使用一些充满热情、活力和时尚感的音效，以吸引年轻人的关注。而对于一个高端奢华品牌，其配乐和音效则需要体现出一种高贵、优雅、舒适的感觉。

品牌声音传达的执行方面需要考虑到不同媒介和场景之间的差异和适应性。例如，在广告和宣传片中，需要根据品牌的特点和受众需求来选取合适的配乐和音效，并将其与视觉元素相协调，从而增强整体感官体验，提高受众对品牌形象的认知度和好感度。在选择配乐和音效时，要考虑到广告和宣传片的内容、情感和目标，以及受众的喜好和文化背景等因素，选取合适的声音元素，营造出一个有力、生动且令人愉悦的品牌形象。而在电话客服和语音交互等场景中，则需要选取友好、清晰、专业的语音，以提高品牌形象的可信度和用户满意度。要确保所选的语音能够清晰地表达信息，语调自然，语速适中，同时还要具备亲和力和耐心，从而增强用户对品牌形象的信任感。此外，在设计语音交互过程中，还可以结合一些科技手段，如自动开场白、语音识别和反馈机制等，来进一步提升品牌形象的专业度和便捷性。

品牌声音传达的设计和执行同样需要进行持续的监测和评估。通过市场调研、用户反馈和竞争分析等手段，可以了解品牌声音形象所表现出来的效果和不足之处，并有针对性地修正和优化相应的声音元素，以提升品牌声音形象的稳定性和一致性，从而增强品牌的价值和商业成果。这种持续的监测和改进工作能够让企业更好地适应市场变化、满足用户需求，并使品牌与竞争对手形成差异化和优势，从而为企业带来更多的商业机会和回报。

二、博物馆文化创意产业发展现状

（一）文化创意产业概述

文化创意产业是以文化和创意为核心，将知识、技术和财富等资源相结合，提供一系列具有独特性和创新性的产品和服务。这些产品和服务涵盖了设计、出版、广告、音乐、电影、游戏、动漫、艺术品、手工艺品、博物馆和文化旅游等多个领域，形成了一个集文化传承、经济发展、城市建设、民族团结等多重功能于一身的全新产业形态。

文化创意产业不仅具有商业价值，还可以通过它们传递文化内涵，表达文化认同感和增强社会生活品质。同时，文化创意产业也可以促进国家文化软实力的提升，推动经济结构调整和转型升级，满足人民的精神文化需求，提高生活品质和文化素养。

文化创意产业发展具有广阔的前景和深远的社会意义。其重要性体现在以下几个方面。

首先，发展文化创意产业能够提升国家文化软实力。随着经济全球化和信息化的深入发展，文化交流和传递已经变得越来越重要。而文化创意产业作为展示国家文化软实力的窗口和载体，在推动中国文化向世界传播的过程中具有重要作用。

其次，文化创意产业是促进经济结构调整和转型升级的有力手段。在消费升级、供给侧改革等政策背景下，文化创意产业作为高附加值、低污染、知识密集、劳动密集的新兴产业，可以带动相关产业链的升级和转型，打造更多优质、高端、个性化的产品和服务。

再次，文化创意产业具有开放性和融合性，能够与其他产业形成良性互动和协同效应。例如，文化创意产业和科技产业的融合，可以创造出更具创新性和市场竞争力的新品类；文化创意产业和旅游产业的融合，则可以提高旅游目的地的吸引力和影响力，促进城市发展和经济繁荣。

最后，文化创意产业还能满足人们的精神文化需求，提高生活品质和文化素养。在快速发展的现代社会中，人们对精神文化需求的呼声越来越高，而文化创意产业能够通过各类产品和服务，满足人们不同层次、不同领域的精神文化需求。

因此，发展文化创意产业是推动中国经济和文化双轮驱动，推进全面深化改革、扩大内需等多项重大战略的重要举措。

（二）基于博物馆文化资源的产业发展

博物馆作为一种文化资源，是传承和弘扬人类历史、文化和艺术的重要场所。博物馆文化资源是一个充满发展潜力的产业，并且在各个领域都有着广泛的应用和贡献。随着时代的变迁和技术的发展，博物馆文化资源产业还将变得更加多元化、更有创新性和可持续性。

博物馆文化资源的产业发展可谓是多方面的，其中主要包括以下几个方面。

1.博物馆文化资源可以为文化创意产业的发展提供源头活水。

博物馆文化资源是一种珍贵的历史、文化和艺术遗产，其不仅有着重要的学术和研究价值，也具有广泛的市场和商业价值。通过与各种文化创意产业的结合，博物馆文化资源可以开发出多样化、富有创意的产品和服务，如贴纸、文具、玩偶等，满足人们的消费需求，同时表达着博物馆文化资源所蕴含的历史、文化和艺术元素，具有时尚性和收藏价值。这些产品和服务不仅丰富了文化创意产业的产品线，还为博物馆带来了更多的聚焦度和吸引力，推进了文化遗产数字化传承的工作。

2.博物馆文化资源还可以为旅游业的发展提供支持。

旅游业发展已成为世界经济的重要组成部分，而文化旅游更是其中的重要方向。在这样的背景下，博物馆文化资源作为传递人类历史、文化和艺术价值的载体之一，具有不可替代的地位。博物馆文化资源中的展览和收藏内容，可以为旅游者提供丰富多彩的文化体验，让他们在欣赏博物馆文物的同时感受到当地的文化气息，增强文化认同感和旅游吸引力。因此，将博物馆文化资源作为旅游景点之一，不仅能够满足旅游者的需求，也有助于推动当地文化旅游产业的发展，实现文化与旅游业的融合。

3.博物馆文化资源也可以推动智慧城市建设，实现数字化转型。

数字化技术的不断发展与应用，为博物馆文化资源的保护、传承和利用提供了更多的可能性。通过数字化技术手段，如3D扫描、云计算等，博物馆文化资源可以进行数字化存储和展示，实现线上展览或虚拟博物馆，使更多的人通过互联网平台参观博物馆，同时实现资源共享和文化交流。在这个过程中，还可以通过数字化展品的方式，加强与观众的互动和参与，推广文化教育和知识普及。数字化服务的开展，也有助于博物馆从传统文化载体向更具开放性和互动性的数字文化运营模式转型，推进数字文化创新，探索博物馆数字化运营的新业态。

4.博物馆文化资源作为教育和研究机构，还可以推进教育、学术等领域的发展。

博物馆是传承和弘扬人类历史、文化和艺术的重要场所，除了展示文物，还可以开展丰富多彩的教育活动和研究探讨。这些活动不仅有利于提高人们的文化素养，还能够促进各个领域的学术交流和知识创新。在博物馆内，观众可以通过各种形式的教育活动，如主题展览、讲座、工作坊等，了解文物背后的历史、文化、艺术价值，提高文化认同感和审美能力。此外，博物馆还可以成为学术交流的平台，吸引专家学者对文物进行深入研究和探讨，推动相关学科的发展和创新。

（三）新时代博物馆文化创意产业发展趋势

随着数字化技术的不断发展和应用，博物馆文化创意产业正朝着更加数字化、智能化、开放式的方向发展。新时代博物馆文化创意产业发展趋势呈现出数字化、多元化、智能化和社会化等特点，这些趋势将不断推动博物馆文化创意产业不断发展壮大。未来新时代博物馆文化创意产业的发展趋势可以归纳为以下几个方面。

1.数字化展示成为主流

数字化技术的逐渐普及，将会推动博物馆文化创意产业的数字化转型。在文物收藏、展览设计、互动体验等方面，数字化展示可以提高观众的体验感和参与度，让更多的人接触和了解文物，同时也可以实现博物馆文化资源的数字化传承和共享。数字化展示不仅有助于更好地保护和传承文化遗产，也能够吸引更多的观众，推动博物馆文化创意产业迎接数字时代的挑战。

2.跨界合作推动多元化发展

博物馆文化创意产业的发展需要更多的跨界合作，与其他相关产业进行协同和联动，推动文化创意产品的多元化发展。例如，博物馆可以与旅游业、影视业、娱乐业等行业进行合作，共同开发文化旅游线路或文化创意产品，从而实现资源共享和互相促进。在旅游业方面，博物馆可以成为文化旅游的重要景点，为旅游者提供深度的文化体验；在影视业方面，博物馆则可以成为电影和电视剧取景的重要地点；在娱乐业方面，博物馆可以与主题公园进行合作，推出以文化和历史为主题的娱乐活动，吸引更多的观众和游客参与。通过不断的跨界合作，博物馆文化创意产业能够不断地拓展市场，推出多样化、个性化的文化创意产品，同时也能够实现更广泛的社会效益和经济价值。

3.智慧博物馆开启全新模式

智慧博物馆是指利用人工智能、大数据、区块链等技术手段，实现数字化管理与运营的博物馆。这些技术手段可以帮助博物馆提高服务质量和效率，包括实现智能化导览、智能语音识别、智能客服等功能，进一步扩大公众参与度。例如，在导览方面，通过人工智能与虚拟现实技术相结合，可以让观众更加直观地感受文物背后的历史和文化价值；在教育方面，可以通过大数据分析观众的喜好和需求，匹配最适合的教育内容和形式。同时，通过区块链等技术手段，还可以保障文物的安全和真实性，避免假冒伪劣产品的出现。

4.文化地标助力城市发展

博物馆文化创意产业作为城市文化的重要组成部分，不仅承载着传统文化的历史和价值，同时也能够推动城市经济发展和文化产业转型升级。作为文化地标和城市品牌，博物馆文化创意产业的吸引力和影响力可以带动周边产业的发展，推动整个城市的旅游、文化、教育等多个领域的发展，还能够促进文化交流和知识传播。在这个过程中，博物馆文化创意产业的不断创新与引领将为城市的文化产业转型升级提供有力支撑，使城市文化更具活力和吸引力。

三、基于品牌 IP 化的博物馆文化创意产品开发

（一）品牌价值在文化创意产品中的应用

品牌价值在文化创意产品中的应用非常重要。通过对文化内涵、市场趋势、消费者需求等因素进行分析，创造出具有独特魅力和辨识度的品牌形象，可以提高文化创意产品的知名度和美誉度。同时，品牌也可以传达产品的价值观念和特点，使产品与众不同，增强市场竞争力和消费者黏性。此外，通过差异化的品牌推广策略，如社交媒体、线下活动等方式，吸引更多潜在客户的关注，进而扩大受众范围，提升销售业绩。

品牌是产品的重要形象代表，特别是在文化创意产品的设计和开发过程中，品牌的定位和塑造尤其关键。在文化创意产品的设计和开发过程中，注重品牌定位和塑造，打造具有独特魅力和影响力的品牌形象，是实现产品差异化、推进市场拓展的重要手段之一。

品牌建设与营销策略有机结合，需要通过市场调研和分析，了解目标受众的需求和偏好。制定差异化的品牌推广策略是至关重要的，其中社交媒体是一

个重要的渠道。对于文化创意产品来说，我们可以通过社交媒体上的互动交流、举办主题活动等方式，吸引更多潜在客户的关注，并实现口碑传播，进而将品牌溢出到更广阔的市场中。值得注意的是，针对不同的目标受众，需要制定相应的差异化策略，根据不同的需求和偏好选择相应的渠道和方式，这样才能取得更好的推广效果。制定差异化的品牌营销策略，通过社交媒体等渠道实现品牌宣传，是文化创意产品成功的重要保障之一。

品牌传播是文化创意产品成功推广和销售的重要手段之一。通过良好的品牌传播，可以带来良好的口碑和用户评价，进而提升消费者购买的兴趣和信任度。随着品牌价值的逐步积累和提升，文化创意产品可以实现良性循环，不断扩大市场份额和影响力，从而取得更加稳定和持续的市场优势。品牌传播需要结合多种手段，包括社交媒体、线下活动、广告等多种渠道，形成多元化的品牌推广模式，以满足不同目标受众的需求和偏好。总之，尽管品牌的建设和传播需要时间和精力，但对于文化创意产品而言，它是实现市场成功和商业可持续发展的关键所在。

（二）博物馆文化创意产品开发中的品牌控制与保护

博物馆文化创意产品在近年来的发展中得到了越来越多的关注和重视。随着时代的变迁和消费者需求的变化，传统的博物馆服务已经不能完全满足人们在文化、艺术等领域的需求，博物馆开发出了更为多样化和更具创新性的文化创意产品，以丰富用户体验和文化内涵。

在博物馆文化创意产品开发过程中，品牌控制与保护是非常重要的环节，它涉及到品牌形象、知识产权保护和销售渠道管理等方面。首先，需要对品牌形象进行严格管理，确保产品的设计、包装和营销传播等方面与品牌保持一致，以保证品牌形象的连贯性和稳定性。在设计阶段，需要考虑到产品特点、市场需求、目标受众等方面，以确定相应的品牌形象和策略，避免品牌形象的混乱和不一致。同时，在产品开发过程中，也需要关注知识产权保护，避免出现盗版或仿冒行为，从源头上保障品牌价值的正当性和合法性。

其次，在销售渠道管理方面，与代理商和经销商之间签订品牌使用协议和管理规范，可以确保品牌形象在流通和销售过程中得到有效保护，避免出现不良影响和损害品牌形象的行为。同时，这些协议和规范还可以明确品牌使用的方式、范围和配套服务等内容，便于品牌形象的管理和控制。

此外，也可以通过专业机构对品牌形象的管理和控制进行监测和评估，及时发现和解决潜在问题，并有针对性地改进和完善品牌策略和措施。目前，国内外已经有不少专业机构和平台可以提供品牌管理和监测服务，以帮助企业实现品牌控制与保护。

总之，对于博物馆文化创意产品而言，品牌控制与保护是保障产品质量、保持品牌形象、实现商业成功的重要保障之一。只有通过严格的品牌管理和监测、知识产权保护和销售渠道管理等方式，才能确保品牌形象的一致性和稳定性，提高消费者对产品品质的信任和满意度，进而实现博物馆文化创意产品的商业成功。

（三）借助博物馆品牌 IP 化提升文化创意产品的市场竞争力

在文化创意产品的市场竞争中，博物馆品牌 IP 化是一种非常有效的手段，可以提升产品的竞争力和差异性。借助博物馆品牌的知名度和美誉度，将其转化为有形或无形的商品或服务，形成具有相应特色和价值的品牌 IP，以吸引更多的目标消费者群体。

首先，博物馆作为拥有很高知名度和权威性的文化机构之一，是文化创意产品开发的理想资源。通过与博物馆合作，可以充分利用其品牌影响力和文化内涵，扩大产品在市场上的占有率和推广渠道，打造具有独特魅力的品牌 IP 形象。此外，通过与博物馆合作，还可以获得更多专业的支持和参与，使产品具备更高的艺术和美学水平，满足消费者在文化、艺术和美学方面的需求。

其次，博物馆品牌 IP 化也是提升文化创意产品附加值和差异性的重要手段。通过将博物馆的文化元素和品牌形象与产品结合起来，可使产品具有更深层次的文化内涵和故事性，增强产品的美学和艺术价值，从而比其他普通产品更具有吸引力和价值感。同时，博物馆品牌 IP 化还可以使产品更具有差异性，从而提高产品在市场中的竞争力。

最后，借助博物馆品牌 IP 化还可以提高消费者对产品的信任程度和购买兴趣。由于博物馆品牌的知名度和权威性，消费者对品牌 IP 产品的可信度和质量也更有信心，从而更加愿意购买和使用这些产品。博物馆品牌IP化还能够使消费者产生情感共鸣和文化认同感，从而增强他们对产品品牌的忠诚度和满意度。

要实现博物馆品牌IP化的成功，需要注意以下几点。

一是确保产品设计与品牌形象相一致。品牌形象作为博物馆品牌IP化的重要组成部分，需要在产品设计、包装和营销传播等方面得到充分体现，以确保其与产品的一致性和连贯性。

二是注重市场营销策略。当博物馆品牌IP化成功后，需要通过专业的市场营销渠道和手段，积极宣传和推广博物馆品牌IP产品，提高品牌曝光率和影响力。

三是注重社交媒体互动。在当前社交媒体风行的环境下，博物馆品牌IP化也需要与时俱进，积极参与各种社交媒体互动，建立更加广泛的社会关系网，增强产品的口碑效应和品牌美誉度。

总之，博物馆品牌IP化是提升文化创意产品市场竞争力的重要手段，可以为产品开发带来很大的商业价值和市场优势。但要想实现品牌IP化的成功，还需要注意产品设计、市场营销等方面的细节，确保产品与博物馆品牌IP形象相一致，并积极参与各种推广活动和社交媒体互动，提高品牌曝光率和口碑效应。只有这样，才能打造具有独特魅力的品牌IP形象，提高消费者对产品品质的信任度。

四、博物馆市场运营模式的创新与实践

（一）基于"互联网+"的博物馆市场运营模式

基于"互联网+"的博物馆市场运营模式利用互联网技术和数字化手段，以数字化、网络化为特征，推动博物馆文化资源和市场运营的转型升级。这种数字化方式提供更为便捷快速的服务和产品开发，可以更好地满足受众需求，实现文化资源与商业价值的转换。同时，充分利用大数据分析进行精准营销，设计创新多样的商业模式，提高博物馆的影响力和经济效益。基于"互联网+"的博物馆市场运营模式在现代社会中具有非常重要的意义。

基于"互联网+"的博物馆市场运营模式的特点如下。

1.借助互联网平台开展线上运营

博物馆可以利用诸如微信、微博等社交媒体平台和在线博物馆进行线上活动和展览，以此扩大受众群体和提高知名度。这些平台可以推出各种沉浸式体验、在线互动等活动，不仅满足受众群体的需求，而且为博物馆带来更广泛的宣传与推广效果。同时，线上展览和活动也使博物馆文化资源不再受时空限制，可以将文化元素和知识普及带到全球各地。这种方式拓展了博物馆的服务范围，让更多人了解和关注博物馆文化。

2.实现数字化服务与数字化商业化并进

博物馆可以结合线上展览和活动，推出种类丰富的数字化产品和服务，以满足不同群体的需求，并将文化资源转化为商业价值。这些数字化产品和服务包括 VR 虚拟游览、在线交互式课程等多种形式，使得博物馆更加具有创新性和吸引力。通过数字化手段，博物馆文化资源更好地服务于人们的生活和工作。同时，数字化商业化也使得博物馆的经济效益显著提高。这种方式不仅充分发挥了文化资源的社会价值，而且为博物馆带来了更多的商业利润。

3.结合大数据分析进行精准营销

博物馆可以利用大数据分析技术，深入挖掘受众需求和市场信息，设计更符合市场需求的文化产品和服务。通过对各种数据信息的分析研究，博物馆能够了解到受众的兴趣偏好、消费习惯等行为特征，并将这些信息转化为有价值的营销策略，提高运营效率和市场竞争力。利用大数据分析还可以实现精准营销，将品牌和产品推送给目标用户、提高品牌曝光度，从而增强品牌的影响力和知名度。这种方式不但能够提高博物馆的经济效益和社会影响力，也促进了数字化时代的创新和发展。

4.设计创新多样的商业模式

博物馆可以借鉴互联网企业的盈利模式，如会员制、广告收入等，以此实现商业化运营。通过推出会员制服务，博物馆可以提供更具个性化和高端化的文化产品和服务，吸引更多的忠实用户并提高他们的消费频次和金额；通过结合线上展览与广告，在向受众提供文化知识的同时还能为广告主带来合理化营销方案。这些方式使得博物馆能够更加高效地变现和实现盈利，是传统博物馆转型升级的重要途径。博物馆在商业化运营过程中应注意维护文化价值，避免商业活动对文化价值的损害，也应积极开拓同行业间的合作，共同促进文化发展。

基于"互联网+"的博物馆市场运营模式在现代社会中具有非常重要的意义。其可以较好地满足受众群体的需求，使博物馆服务更加高效便捷，实现文化资源与商业价值的转换，提高博物馆的受欢迎程度和经济效益。

（二）博物馆社交媒体运营发展趋势

博物馆社交媒体运营作为博物馆数字化服务的重要方式，随着互联网时代的到来逐渐成熟。在社交媒体平台上，博物馆可以推出丰富多彩的数字内容创意、提供个性化和定制化的服务和体验，与线下活动联动，开展跨界合作等，通过这些方式扩大影响力和覆盖面，吸引更多受众的关注和参与，提升品牌形象和商业价值。未来随着科技和市场需求的变化，博物馆社交媒体运营仍将不断地发展和演进。

未来博物馆社交媒体运营的发展趋势主要有以下几个方面。

1.多样化数字内容创意

为了让受众更加生动地了解文化知识和传统文化，博物馆应该更多地利用微视频、直播、AR 等技术手段。以微视频为例，它可以用短小精悍的形式呈现文化元素并点燃观众的兴趣；直播则可以实现在线互动和用户反馈，提高参与度和满意度；AR 则通过虚实结合的方式增强了展品的三维感，让观众更好地理解展品及其历史背景。这些新兴技术手段在文化展示领域中有着广泛的应用前景，既满足了受众对多样化媒体形式的需求，也能够提供更为丰富饱满的文化体验。

2.个性化服务和定制化体验

博物馆可以结合大数据分析技术，提供更为个性化的展品推荐和指导服务，以及在线预约、订票等定制化服务。大数据分析可以从受众的历史数据中挖掘出他们的偏好、兴趣等特征，并根据这些特征进行个性化推荐，准确满足受众需求；而在线预约、订票等便捷的定制化服务则能够为受众提供更加高效和人性化的博物馆体验，提高用户满意度和忠诚度。这种方式也可以帮助博物馆更好地管理资源和节约成本，实现文化资源的可持续运营。同时，博物馆还可以通过不断优化数字化服务，吸引更多群体的关注和参与，扩大品牌影响力和覆盖面。

3.社交平台与线下活动的联动

博物馆可以通过社交媒体平台进行推广和预热，以吸引更多受众参加线下活动。通过在线发布线下活动信息、宣传视频等形式的内容，可以让观众了解博物馆的文化资源及其举办的活动，从而提高参与意愿。同时，在现场设置拍照打卡主题墙、开展文化游戏互动等方式，可以激励观众在社交媒体上分享及转发活动内容，扩大活动影响力和覆盖面。这种方式不仅可以吸引更多兴趣相投的群体参与活动，并建立忠诚的粉丝群，同时也能够降低营销成本、提高品牌曝光度，为博物馆的数字化服务带来更好的效果和收益。

4.融入跨界合作的元素

博物馆可以与其他领域的品牌和企业合作，推出联名产品、线上活动等，以此优化博物馆品牌形象和商业价值。通过跨界合作，博物馆能够借助合作伙伴强大的营销平台和资源，降低自身市场运营成本，并且将展览内容延伸到更多品类的产品中，提高文化展示的覆盖面和受众群体。同时，联名产品和活动也能够吸引新的用户群体前来参观，并为博物馆带来更多的商业利润。博物馆应该根据自身定位和展示特色，寻找合适的合作伙伴，并保障合作过程合法诚信，避免对文化价值的损害。只有这样，合作才能够真正地实现共赢。

以上是未来博物馆社交媒体运营的一些发展趋势，随着科技和市场需求的不断变化，这些趋势也会不断地变化和演进。

（三）基于消费者行为的新时代博物馆市场营销策略设计

基于消费者行为的博物馆市场营销策略，要充分考虑受众需求和行为特征，打造全方位、多元化、有差异性的品牌形象及服务体系，满足不同受众的需求。这包括科技与文化相结合、重视社交传播、多维度的服务定制化、跨界合作等方面。通过这些措施，可以提高品牌曝光度和用户忠诚度，增强市场竞争力和商业价值。同时，博物馆也应该注重合法诚信、保护文化价值，避免在营销过程中损害受众利益和公共利益。只有真正以消费者为核心，深入了解他们的需求和行为，才能够实现营销目标并赢得市场份额。

基于消费者行为的新时代博物馆市场营销策略要围绕受众需求和行为特征展开，主要有以下几个方面。

1.科技与文化相结合

如今，人们对文化体验的需求不断提升，博物馆可以将科技元素与文化资源融合，提供更加生动、丰富的文化体验。通过数字内容和科技互动等手段，博物馆可以让观众更好地了解展品及其背后的故事和历史，提高参观体验和收获感。例如，结合 AR 技术，观众可以在现场看到立体的展品模型或者像时光穿越一般回溯历史；利用 VR 技术，则可以让观众身临其境，进入历史场景中与历史人物互动等。这些新兴技术带来的互动性和沉浸感，既满足了受众对多样化媒体形式的需求，也增强了文化传承、推广及博物馆的商业价值。

2.重视社交传播

在社交媒体已经成为人们获取信息和沟通的重要途径时，博物馆可以借助社交媒体平台和线上互动活动实现宣传、参与和内容传播，并提高品牌影响力和粉丝忠诚度。以社交媒体平台为例，博物馆可以在多个平台上发布相关文化内容、活动宣传等信息，开展数据互动、主题话题等形式，吸引受众关注和参与，增加品牌曝光度和社交媒体粉丝数量。同时，也可以通过线上互动活动、线下抽奖、文化游戏互动等方式，提高用户参与感和满意度，培养忠诚的粉丝群体，促进文化传承和普及工作，从而实现品牌宣传效果和商业价值最大化。

3.多维度的服务定制化

博物馆可以通过大数据分析和用户调研等手段，掌握受众兴趣偏好及需求特征，为不同群体推出差异化服务，提高服务质量和用户满意度。大数据分析可以挖掘隐藏在海量数据中的规律、趋势和特征，结合用户调研，更好地了解观众的兴趣爱好、文化背景等信息，从而根据受众要求推出个性化服务，如基于用户历史浏览记录的展品推荐、针对不同目的地的导览方案、预约优惠等。这些差异化服务将更贴近受众需求，提高用户体验和忠诚度，并带来更多口碑宣传。博物馆应该建立一个完整的服务体系，不断满足观众的需求，也应该注重合法诚信，保护用户隐私，确保用户数据安全。

4.跨界合作

博物馆可以与其他领域如旅游、教育、文化创意等企业进行联合营销活动，丰富文化产品形式，并吸引更多受众关注。特别是在旅游和文化创意产业方面，博物馆通过联合这些产业，可以将展品和文化资源转化为产品和服务，扩大市场份额和商业价值。例如，与旅游企业合作，推出包含博物馆参观的旅游线路；与文化创意企业合作，发行与展览有关的周边用品或文化创意产品等。同时，博物馆也可以利用社交媒体平台开展相关活动，吸引更多关注，提高品牌曝光度，从而实现营销目标。但是，博物馆要注意合法诚信，保护文化价值和用户利益，以避免过度商业化对文化传承和公共利益造成损害。

（四）区块链技术在博物馆市场运营中的创新与实践

区块链技术在博物馆市场营销中可以发挥重要作用，其具有强大的安全性、可追溯性和透明度。通过区块链技术，博物馆可以保护数字文化资产的版权和安全，提高交易安全性和效率，增强展览的知名度和互动体验等。同时，博物馆也可以利用区块链技术建立文化衍生品销售平台，从而增加商业价值。尽管区块链技术有许多优势，但博物馆在应用该技术时也需要注意其局限性和安全风险，并确保合法诚信和数据隐私保护。因此，在使用区块链技术的过程中，博物馆应该严格遵守相关法律法规，加强信息保护和技术监督，以确保信息安全。

1.确保数字文化资产的安全性和版权保护

区块链技术可以对数字文化资产进行加密存储和验证，确保其不被篡改或盗用。通过将文化资产作为数据记录到区块链上，可以形成去中心化的、全球共享的数字版权管理系统，并且实现终端用户通过自己的密码保护数字文化资产不被未经授权使用和复制。同时，基于智能合约等技术手段，可以构建分散式版权管理体系，使得作者及相关方的权益得到更好的维护，防止侵权和盗版。这种方式能够大幅度减少版权维权成本，提高数据安全性和可信度。尽管区块链技术在数字文化领域具有显著优势，但其应用还处于早期阶段，需要进一步完善相关技术和标准以及加强法制环境来保障其长期发展。

2.提高博物馆票务和账单等交易安全性

使用区块链技术进行票务或其他财务交易，可实现去中心化的交易验证和记录，避免了传统票务系统存在的一系列问题，如局限于单一平台、数据容易被篡改等。通过将票务信息保存在区块链上，每一个节点都可以在网络里同步真实的交易数据，不需要任何权威机构介入，从而实现去中心化的交易验证和记录。这样可以大幅降低票务交易中存在的人为干扰和错误，并且提高交易安全性和效率。与此同时，使用区块链还能帮助节约票务成本，缓解市场炒作和价格飞涨的问题。总之，区块链技术对票务和其他财务交易具有重要意义，可以为博物馆提供更为安全、高效的交易保障，促进博物馆业态转型和发展。

3.增强展览知名度及互动体验

基于区块链技术，博物馆可以开发数字艺术品、虚拟展示等在线展览项目，以提升展览的知名度和互动性。通过数字化文物资产并在区块链上建立相关节点，博物馆可以将收藏的文物资源以数字化方式呈现，从而实现跨时间、空间和文化背景的多元文化交流与互动。数字艺术品本身还具有更高的可表达性和互动性，能够为用户提供更加丰富的展览体验。基于区块链技术的数字展览项目，不仅可以降低运营成本和环保负担，还能够扩大展览受众，打造数字化品牌形象和商业价值。因此，在数字化时代，博物馆需要创新发展手段，借助区块链技术等新兴科技，来促进文化产业转型和发展。

4.打造区块链文化衍生品销售平台

博物馆可以与相关企业合作，利用区块链技术打造一个安全高效的文化衍生品销售平台，从而为用户提供多元化的文化消费选择。在该平台上，博物馆可以向用户提供自己的文化创意产品或授权第三方生产，也能够展示其他文化机构、艺术家或设计师的作品，使文化消费选择更加丰富和多样化。基于区块链技术，这些文化产品交易过程实现去中心化结算，确保安全性和信任度，同时提高了产品产值，增加商业价值。此外，该平台也能使博物馆的文化创意产品和服务进入全球市场，加速国际化进程。虽然该平台可能面临着一定的技术和管理难点，如支付结算和质量监管等问题，但其建立将会助推博物馆及文化领域的数字化转型和发展。

第三节　博物馆社会责任和公众参与

一、博物馆社会责任理论与实践

（一）博物馆社会责任的定义和特点

博物馆社会责任是指博物馆在履行自身使命和职责的基础上，承担起推动社会文化进步、保护文化遗产、传承文化智慧等社会责任。作为文化资源的集中地和管理机构，博物馆应当具备维护文化价值和历史遗产的意识，促进文化交流与认知更新，推动文化科技创新等。同时，博物馆也应该积极参与公益活动和服务，以回馈社会、造福百姓。博物馆的社会责任不局限于展览和收藏，还包括知识普及、学术研究、文化创新、人才培养等多个方面，是一种综合性、系统性的社会责任体现。因此，博物馆应该发挥其社会主义文化事业坚实支撑作用，推动文化产业转型和升级，更好地满足人民日益增长的文化需求和精神追求。

博物馆社会责任的具体特点如下。

1.承载文化价值

博物馆不仅是文化资源的承载者，还是文化管理和传承的重要组成部分。博物馆所收藏和展示的文物和艺术品都具有重要的文化价值和历史意义，它们记录着人类文明的发展历程和精神追求，是传承和发展文化遗产的重要载体。作为一种文化机构，博物馆不仅要积极参与文化保护、普及教育等活动，更需要通过提高文化创新能力、促进文化交流与融合等形式，推动文化事业的科学、规范和可持续发展。因此，加强博物馆的建设和管理，完善其在维护文化生态、引领社会文化进步、满足民众文化需求等方面的职责和使命，对于弘扬中华优秀传统文化、提升国家文化软实力，具有重大的现实意义和历史价值。

2.普及教育宣传

博物馆应该为公众提供普及性的文化产品和服务，并以此向公众传递相关的文化知识和价值观念，助力社会教育与文化建设。博物馆可以通过举办展览、讲座、互动活动、数字化展示等形式，为公众提供更加多样化、贴近民生的文化产品和服务。通过这些活动，公众可以深入了解文化背景、历史渊源、文物价值等方面的知识，并逐步树立正确的文化价值观念。这种方式不仅能够降低文化教育普及的门槛和成本，也可以开拓新的市场和增强博物馆的社会影响力。同时，博物馆还需要根据公众需求和时代潮流，推出更具吸引力和互动性的文化产品和服务，从而切实满足人民日益增长的文化需求和精神追求。

3.保护文化遗产

博物馆应该积极参与并推进文化遗产的保护、传承和利用，以维护国家文化安全、促进文化交流与认知更新。博物馆可以通过举办展览、讲座、研究、教育等活动，加强对文化遗产的研究和传承，发挥文化资源的示范、引领作用，为社会提供专业、权威的文化服务。同时，博物馆还可以通过数字化技术、互联网等手段，实现文化遗产数字化、网络化，拓宽其传播途径和受众群体，促进文化元素在不同地域、民族、文化背景下的交流和认知更新。博物馆也可制定文化遗产管理规划，加强与政府、学术团体、非营利组织、商业机构等多方合作，共同开展文化遗产的保护、修复、整理、展示等工作。

4.社会责任感

博物馆应当持续增强自身的社会责任意识，积极参与各类社会活动和服务，以回馈社会、造福百姓。博物馆可以通过开展义务讲解、文化活动、公益拍卖等形式，为社会奉献自己的专业技能和文化资源，推进文化教育和普及，满足群众日益增长的文化需求。同时，博物馆还可以在城市规划、文旅融合、文物保护等方面发挥重要作用，助力城市文化建设和社会经济发展。此外，博物馆还应该加强与相关行业、企业、组织的合作，共同推动文化事业的不断创新和发展，实现文化产业的科学规划和经济效益最大化。总之，博物馆需要适应时代的变化和社会的需求，不断完善自身的功能和服务，发扬人道精神和文化价值，为建设文明、和谐、富裕、美丽的社会做出积极的贡献。

（二）博物馆社会责任的评价指标体系

博物馆作为一种重要的文化机构，其社会责任不仅是文化遗产保护、传承和利用，更需要积极参与社会服务和公益活动，推进文化创新和发展，维护国家文化安全和促进文化交流。因此，博物馆社会责任的评价指标体系应该从以下几个方面进行考量。

1.文化遗产保护和传承

博物馆作为文化遗产的重要承载者和传承者，其收藏、保护和传承各种文化遗产的任务十分重要。评价博物馆在这方面的表现，可以从以下几个方面考虑：博物馆所收藏的文物和艺术品的数量和质量是否丰富、高水平；文化遗产修复、整理和展示方面是否有专业性和权威性；博物馆的文物保护技术和设施是否先进和完善；博物馆在文物鉴定和研究方面是否有独特性和专业性等。通过科学的评价和监督，可以促使博物馆更好地履行其保护和传承文化遗产的社会责任，实现文化遗产的长期保存和可持续利用。

2.社会服务与公众参与度

博物馆要实现其社会责任，除了对文化遗产的保护和传承，还需要为公众提供多样化的服务。博物馆可以通过举办各种展览、讲座、教育活动等形式，向公众推广文化知识和价值观念，让更多的人深入了解和欣赏文化艺术。评价博物馆在这方面的表现，可以从以下几个方面考虑：博物馆举办的展览、讲座、教育活动等的数量和质量是否丰富、有特色；展览、讲座、教育活动的覆盖范围和目标受众是否广泛；推广效果和社会反响如何等。同时，公众参与度也是很重要的一项指标，只有吸引更多的人来到博物馆参加活动，才能真正达到传播文化知识和价值观念的目的。因此，在评价博物馆服务公众方面，应该重视实际效果和社会影响，并根据具体情况制定相应的改进措施，不断提高服务水平，满足公众的文化需求。

3.文化产业创新和发展

博物馆作为文化产业的重要组成部分，应该积极探索新的文化创新和发展途径，推动文化产业实现市场化、数字化和科技化。在这方面，评价博物馆的表现，可以从以下几个方面考虑：博物馆数字化展示的数量和质量是否丰富、先进；文化产品研发的创意性和市场适应性如何；博物馆文化科技创新能力和在文化产业中的衔接度如何等。此外，博物馆在文化产业运营方面也需要具备一定的实力和能力，评价指标可包括文化产业收益、文化产品销售等相关经济指标。通过科学地评价和监督，可以促进博物馆加强与文化产业的紧密合作，推动文化产业的高质量发展，提高文化产业的综合实力和国际竞争力，引领文化事业的持续发展和繁荣。

4.社会责任感和公益贡献

博物馆作为文化机构，除了向公众提供文化服务，还应该具有强烈的社会责任感和公益意识，积极参与各种社会活动和服务，为社会文化进步做出贡献。评价博物馆在这方面的表现，可以从以下几个方面考虑：博物馆参与的各种社会活动、公益服务和慈善捐赠等的数量和质量如何；服务对象和受益范围是否广泛，覆盖人群是否有针对性；服务效果和社会影响如何等。通过积极参与社会活动和服务，博物馆不仅能够充分发挥其文化资源的作用，同时也能够进一步提高其知名度和美誉度，增强其在文化领域中的影响力和地位。

5.组织治理和管理能力

博物馆作为一个文化机构，需要建立完善的组织管理机制，保证博物馆的正常运行和提供高质量、专业化的文化服务。评价博物馆在这方面的表现，可以从以下几个方面考虑：博物馆的组织结构是否合理、科学；管理规范是否完善，管理效率如何；人才队伍建设是否专业化、稳定、有序；财务透明度如何等。同时，应该重视博物馆在信息化建设、安全监管和环境管理等方面的能力和实际表现。建立完善的组织管理机制，能够促进博物馆内部的顺畅运作，有效整合资源和力量，提高工作效率和管理水平，进一步提升博物馆在社会文化领域的地位和影响力。

总之，博物馆社会责任的评价指标体系应该全面、系统地考量博物馆的综合实力和社会价值创造，强调其文化遗产保护、服务公众、推进文化创新和发展、社会责任感和组织管理等方面的表现和贡献。通过科学、全面、系统地评价，可以为博物馆的建设和发展提供科学依据，促进文化事业的科学规范和可持续发展。

二、博物馆公众参与的理论与实践

（一）博物馆公众参与的概念及其特征

博物馆公众参与是指博物馆与公众之间的互动关系，让公众成为博物馆的积极参与者和合作者，在文化传承、展览教育、数字化等方面发挥其作用。具体特征如下。

1.平等性

博物馆和公众之间的互动和合作，应该建立在平等的基础上，让公众成为博物馆的积极参与者和合作者。具体而言，博物馆应该为公众提供各种参观、学习、创造等方面的机会，让公众能够自由进出、了解博物馆的展品和服务，参与各类活动，并与博物馆进行信息共享和交流。博物馆也应该有意识地倾听公众的声音和需求，根据公众的反馈和意见调整策划，推出更加符合公众期待的文化创新和服务项目。这样的做法不仅可以传承和弘扬民族文化，还能够凝聚社会共识，促进文化建设和社会进步。

2.开放性

博物馆的公众参与工作需要营造开放、温馨的氛围，让公众感到欢迎和舒适。这意味着博物馆应该设立合理的入口和出口，提供方便的交通和停车服务，同时在场馆内设置清晰和详尽的导览和信息标识，方便公众了解展品和服务。此外，博物馆应该关注公众的文化需求和兴趣，提供多样化的展览、活动等项目，并强调公众参与性、互动性，鼓励公众与博物馆进行多方位的交流和互动。通过这些措施，博物馆可以提高公众的参与度和满意度，树立形象，增强影响力，推进文化传承和创新。

3.多元性

博物馆应该提供多样化的展览、教育、社区活动等服务，以满足不同公众群体的需求和兴趣。这意味着博物馆应该将展览内容与公众需求相联结，根据公众的文化背景、年龄、兴趣等特点，精心策划和设计各类活动项目。比如，举办主题展览、文化讲座、艺术表演、互动体验等活动，为公众提供丰富多彩的文化体验和教育，进一步拓展公众对博物馆的认知和理解。此外，博物馆还可以与社区居委会、学校等机构合作，开展文化进校园、文化下乡、文化志愿者等活动，促进文化资源共享和社区文化建设。通过这些多样化的服务项目，博物馆不仅能够深入挖掘文化遗产的魅力和价值，也能够增强与公众之间的联系和交流，推进文化创新和发展。

4.参与性

博物馆应该鼓励公众参与各类创意设计、主题讲座等活动，让公众更深入地了解博物馆和文化艺术。这种参与可以促进公众与文化艺术的互动和融合，增强公众对文化遗产和当代文化的认知和理解。比如，组织公众参与文化遗产的修复和整理，举办主题创意设计大赛，开展文化知识竞赛等，都是非常有效的参与方式。此外，博物馆还应该借助先进的数字技术手段，推出虚拟现实体验、AR/VR 互动等计算机技术新玩法，进一步提高交互性和趣味性，激发公众的文化参与热情。通过这些活动，博物馆可以加强与公众之间的互动和合作，培育文化创新和创造力，促进社会文化进步。

5.互动性

博物馆通过数字化、虚拟现实等技术手段，让公众更深入地了解博物馆和文化艺术，并增强与公众之间的互动和合作，打造更为丰富和生动的文化体验。比如，借助数字智慧技术，博物馆可以将文物进行三维重组等数字展示，提供更加直观、生动的展览效果；还可以在展品旁边设置虚拟导览员，指引公众参观。同时，利用 VR 等虚拟现实技术，让公众身临其境，感受并了解文化遗产。这些新技术的应用，不仅能够丰富公众的文化体验，还可以促进文化资源转化和共享，推动文化创新和发展。同时，这也为博物馆提供了一个更多元、开放、方便的展示方式，符合公众的需求，提升博物馆形象和影响力。

（二）博物馆公众参与的目的和效果

博物馆公众参与的目的是让公众更深入地了解文化遗产和当代文化艺术，促进文化创新和发展，并增强博物馆与公众之间的联系和互动。针对这一目标，博物馆采取多种措施，如举办各类展览、教育、社区活动等，借助数字化、VR/AR等技术手段提供更加生动、丰富的文化体验，鼓励公众参与各类设计、讲座、竞赛等。在这些活动中，公众既可以成为文化艺术的欣赏者和受益者，也可以成为文化创造和传承的主体和推动者。

博物馆公众参与的效果包括以下几个方面。

1.博物馆公众参与的重要目标之一就是提高公众文化素养和审美素养，增强公众对文化遗产和文化事业的认知和理解。在博物馆的各种活动中，公众可以通过观展、听讲座、参加培训等方式，深入了解文化遗产的背景、历史、发展以及当前的保护和传承情况等问题，提升文化领域的素养；而在艺术表演、设计竞赛等活动中，公众可以拓展个人的审美视野和兴趣爱好，发现和探究新的文化艺术形态，从而激发创意灵感和创新思路。这些活动不仅可以让公众更全面地认识文化艺术，还能够促进公众对文化事业的关注和支持，为文化建设和发展提供助力。

2.博物馆公众参与的另一个重要目标是加深博物馆与公众之间的联系和合作，形成更紧密的社会文化网络。在各类活动中，博物馆不仅为公众提供了一个了解和学习文化艺术的平台，也借此机会与公众建立起多元化的交流和互动关系，增进了相互间的了解和信任。同时，公众对博物馆的参与和支持也为博物馆的发展和运营提供了宝贵的资源和帮助。例如，公众可以提供意见和反馈，推荐和引荐新的藏品和文献等，这些都能够促进博物馆内涵的丰富和更新，增强博物馆的影响力和吸引力。通过这种方式，博物馆与公众之间可以建立起紧密联系和合作，不仅有利于实现双方共赢，还有助于构建更为广泛、稳固的社会文化网络，为文化事业的长远发展提供坚实的基础和支撑。

3.博物馆公众参与的第三个目标就是推动文化产业的发展，培育创意思维和创新能力，促进经济转型和发展。在通过各种活动提高公众文化素养、增强与公众之间联系和合作的同时，博物馆也要注意挖掘文化产业潜力，深入探讨传统文化与科技创新的结合，搭建文化创意产业交流平台，培育新的文化消费需求和市场。比如，将文化遗产进行数字化展示、推广及开发相关产品等创新举措，可以有效促进文化产业的发展；将文化遗产与现代科技进行融合，如虚拟现实、增强现实等技术，不仅可以提高文化艺术体验的品质和趣味性，还能够满足人们对文化艺术方式的多样化需求，推动经济转型和发展。在这个过程中，博物馆的公众参与不仅可以培养公众的创新能力和文化自信心，也可以为文化产业的升级和推广提供有力支持，为社会经济转型注入新的动力和活力。

4.形成文化自信和认同是国家文化发展的关键所在。只有深入挖掘和传承本土文化，才能真正增强国家的文化软实力和影响力。文化自信不仅体现在对自身文化的自豪感和信心上，更重要的是在保护和推广本土文化时勇敢坚定地抵制外来文化的冲击。这不仅有助于加强人民的文化认同感，还可以提高国家在全球范围内的文化话语权、引领力和吸引力。通过形成文化自信和认同，国家的文化软实力将更加凸显，必将为国家的发展提供强大支撑。

（三）博物馆如何实现公众参与

博物馆可以通过多种途径实现公众参与，这不仅有助于促进文化传承和发展，也是提高博物馆社会影响力和吸引力的重要手段。博物馆作为文化遗产的载体，是人们获取历史、文化和科学知识的重要场所。博物馆的公众参与是指与观众的深度互动和交流，使文化资源得以更好地传承和发挥作用，同时也能够增强公众对文化事业的认同感和支持度。

第一，博物馆可以利用互联网技术和社交媒体平台向公众提供在线展览、数字化文物资料、在线学习资源等，让更多的公众能够方便地接触到博物馆的文化内容。随着网络科技的迅速发展，越来越多的人通过互联网获取信息和知识，博物馆也应该利用互联网的优势将文化传播延伸至网络平台。

第二，博物馆可以举办各种展览、主题活动、讲座等形式的活动，邀请公众前来参观、交流、学习。举办不同主题的展览和活动，可以满足公众对不同领域、不同文化背景的需求，增加观众的知识储备和文化水平。并且在展览和活动中，博物馆可以通过讲解员的讲解、互动游戏等方式，增强观众的参与感和体验感，从而更好地实现公众参与。

第三，博物馆可以设置互动展示，如触摸屏幕、VR/AR 技术、科技装置等，增强观众的参与感和体验感。互动展示能够吸引观众的注意力，提高观众对文物的兴趣，也能够加深观众对文物的认识和理解。在这种互动的过程中，不仅能够让观众自主探索和学习，还能够激发观众的创造性思维和想象力。

第四，博物馆还可以开设志愿者招募，并为志愿者提供培训和奖励，让更多的公众能够参与到博物馆的运营管理中，增强公众对博物馆的关注和支持。志愿者除帮助博物馆完成一些日常管理的工作外，还可作为博物馆形象推广的重要窗口，为公众提供更为深入的服务和交流，进一步推动博物馆的公众参与。

通过这些手段，博物馆可以更好地实现公众参与，进一步提升文化普及水平和社会影响力。如今，随着文化消费需求逐渐升级，博物馆也应该不断创新和调整自身策略，让更多的人了解、喜欢、支持博物馆事业，促进中国文化事业繁荣发展。

三、博物馆社区服务

（一）博物馆社区服务的概念及其意义

博物馆社区服务是博物馆以社区为服务对象，通过各种形式的文化、科技、科学等方面的普及教育服务，提高社区居民的文化素养，增进他们对博物馆的了解与认同。博物馆的社区服务能够促进社会文化进步和发展，推动文化创新，树立博物馆的公益形象，在服务过程中实现资源共享和合作，提高博物馆的社会影响力和公信力。通过这种方式，博物馆与社区之间的互动和交流将变得更加密切，为社会文化事业的繁荣和发展提供有力支持。

其意义主要体现在以下几个方面。

1.博物馆社区服务可以让更多的社区居民接触到博物馆的文化和知识资源，促进社区文化建设和居民的文化素养提高。

博物馆通过举办各种文化活动，如主题展览、艺术展演、书画展等方式，以及邀请专家进行精彩讲座等形式，向社区居民传递博物馆的文化价值和知识，促进文化传承和创新。同时，展示珍贵文物、仪器设备等，让社区居民有机会参观、了解和学习历史文化知识，同时也有助于人们形成文化自信，增强文化认同感和归属感。此外，为了使公众更方便地参与文化活动，博物馆还可以将线下文化活动转移至线上。借助互联网技术，博物馆可以将展览、讲座等活动在互联网上进行直播或录制，并提供在线观看服务。这样不仅能够实现时间和空间上的"去中心化"，让更多的人接触到博物馆的文化资源，还可以推进数字化时代背景下的博物馆文化产业发展。

2.博物馆社区服务还可以促进博物馆与社区之间的交流与合作，实现资源共享、优势互补。

博物馆拥有丰富的文化资源和学术力量，这些资源可以为社区居民提供各种形式的咨询和服务。比如，博物馆可以邀请专家学者来社区开展讲座或研讨活动，以回答公众关心的问题，解决他们在学习和生活中遇到的困难。此外，在某些需要专业知识支持的领域，如艺术、历史、地理等，博物馆的学术力量可以向社区居民提供专业咨询和服务。通过向社区居民提供相关咨询和服务，博物馆可以更好地了解公众需求和反馈，从而不断完善自身的文化服务。例如，在确定展览主题或策划文化活动时，博物馆可以充分考虑公众需求和利益，与社区居民互动，听取大家的想法和建议，从而达到更好的文化传播效果。此外，在提供咨询和服务的过程中，博物馆还可以借助社区居民的经验和智慧，不断发掘和保护本地区的文化遗产和特色文化，实现资源共享和优势互补。这种方式能够增强社区居民的文化认同感和归属感，促进社区文化的建设和发展。

3.博物馆社区服务也有助于推动社会文化创新和发展，引导社区居民树立正确的文化价值观。

博物馆可以结合社区的实际需求和文化背景，开展与当地风俗、传统文化相关的活动，从而更好地满足公众的文化需求和精神追求。例如，博物馆可以在农历新年、端午节、中秋节等传统节日期间，推出与当地习俗相关的文化活动，如龙舟比赛、灯笼展示、民俗表演等，吸引社区居民参与和体验。通过开展这些与当地风俗、传统文化相关的活动，博物馆不仅能够为社区居民提供多元化、深入的文化体验，也可以增强社区居民对文化事业的认同感和支持度。这种方式可以使博物馆与社区居民之间建立更加紧密的联系，打造积极向上的文化氛围。此外，博物馆还可以通过借助先进的科技手段，创新文化体验模式，使文化体验更加生动有趣、互动性更强。例如，利用虚拟现实、增强现实等技术，让社区居民沉浸于文化体验之中，了解和体验到更加广阔和深入的文化内涵。

4.博物馆社区服务还可以提高博物馆的社会责任感与公信力。

作为文化事业的重要载体之一，博物馆应该积极承担起公共文化服务的责任。除继续保护文化遗产、传承文化经典的工作外，博物馆还应该关注当前社会发展的需求和公众的文化需求，在公共文化服务方面扮演更加积极的角色。这意味着博物馆需要更好地融入社区和公众生活，以更贴近公众的方式提供多样化、高质量的文化服务，让更多人受益。同时，博物馆还应该创新服务方式和内容，借助现代科技手段，为公众提供更便捷、高效的服务，推动博物馆事业的持续健康发展。

（二）博物馆社区服务的模式和方法

1.举办文化活动

博物馆根据不同的主题，如文化节庆、特别展览等，可以设计相关活动并邀请社区居民参加，以满足公众的文化需求和精神追求。这些文化活动可以包括讲座、工作坊、表演和互动体验等多种形式，让不同年龄段、性别和兴趣爱好的人们都能找到适合自己的内容。比如，在传统文化节庆期间，博物馆可以举办各种相关的文化活动，如制作传统手工艺品、品尝传统美食、观看民俗表演等。在特别展览期间，博物馆可以邀请专业人士开展相应的讲座和工作坊，深入解析展品内涵和历史背景，让公众更好地了解和感受展品的文化魅力。

随着数字技术和互动技术的发展，博物馆的文化活动也变得更加多样化和互动化。比如，在科技展览中，博物馆可以使用虚拟现实技术、裸眼 3D 显示技术等新技术，为公众提供身临其境的视听体验。在互动体验区，博物馆可以设计各种趣味十足的科技游戏和实验，让公众走进科学、文化的世界。除此之外，博物馆还可以根据社区居民的需求和反馈，持续创新和改进文化活动内容和形式。通过不断完善服务方式和体验效果，博物馆可以更好地满足公众的文化需求，增强公众对文化事业的认同感和支持度，推动文化事业的繁荣和发展。

2.社区科普教育

随着科技的发展，博物馆可以将科技成果转化为可视、易懂的科普教材，以提高公众对科技文化的认知和理解。这些科技成果包括高新技术、新型材料、先进制造技术等，它们代表了现代科学技术的最前沿和最新成果。

通过制作相关的科普教材，如图书、演示文稿、视频等，博物馆可以将科技成果展示给更多的公众，以便于理解和接受。此外，博物馆还可以组织专家进行课堂授课，邀请行业精英进行讲座，深入浅出地向公众介绍科技成果的研究方向、应用前景等。这不仅可以增强公众的科学素养，还可以促进科学文化的传播和普及。

同时，博物馆还可以开展各种实践活动，如科技创新大赛、科技实验室等，让公众亲身参与科技文化的探索和体验，并引导公众发掘自己的科技潜能。博物馆还可以向社区居民发放宣传手册、DVD 光盘等工具，以提高公众对科技文化的认知和理解。这些宣传工具不仅可以用于博物馆内部的科普宣传，还可以在社区、学校等场合进行推广，让更多人了解和关注科技文化。

3.在线文化服务

随着数字技术的快速发展，越来越多的博物馆开始采用在线方式为社区居民提供文化服务。一方面，这种服务能够为公众提供更加便捷和灵活的文化体验；另一方面，也可以让博物馆的文化资源实现最大限度的利用和共享。

博物馆在网站上设置虚拟导览是其中的一个重要方式。借助虚拟导览技术，公众可以通过网络随时随地参观博物馆内的展品，并获得影像、音频、文字的介绍和解说，达到全方位的学习效果。博物馆还可以开设在线文化课程和讲座，如历史文化、艺术鉴赏、科技文明等，通过线上方式向公众传递文化知识和理念，满足不同年龄层次、兴趣爱好的公众需求。

此外，博物馆还可以运用云存储等技术手段，将自然、历史、文化等多个领域的数字信息整合起来，为公众提供更加丰富、完整的学习资源。同时，博物馆还可以利用社交平台、微信公众号等工具，积极与公众互动，分享展览信息、文化知识、教育活动等内容，让博物馆与公众之间形成一种良性的互动关系。

4.社区协作项目

博物馆与社区居民或其他组织合作，共同开展文化活动或文化教育项目，能够实现资源共享、互利共赢的目标。博物馆可以根据不同的需求和特点，选择适合的项目，促进多元文化的交流和传承。

一种常见的合作方式是邀请当地民间艺人，将传统的艺术形式带给公众。民间艺术是中华民族传统文化的重要组成部分，包括舞蹈、音乐、戏曲等各种表演形式，而许多年轻人对此并不了解或不感兴趣。博物馆可以通过与当地民间艺人合作，举办各种文化艺术活动，如庆典、嘉年华等，吸引公众参与，从而更好地传承和发扬民间艺术文化。

另一种合作方式是与学校合作，开发课程、开展科技竞赛等，推广创新教育。随着教育理念的转变和创新意识的提高，创新教育日益受到关注。博物馆可以与学校合作，共同开发创新教育课程，通过参观展览、讲座、科技实验等活动，提高学生的学习兴趣和创新能力，推广创新教育的理念和方法。同时，博物馆还可以举办科技竞赛和创新大赛，为公众提供交流和展示的平台，激发社会创新创业的热情。

5.服务站式管理。

为了方便公众接受文化知识和服务，博物馆可以在社区建立文化服务站。这些服务站通常是由博物馆与当地政府、社区组织等机构合作建设的，旨在为周边居民提供便利的文化服务。

文化服务站的主要功能包括展示文物、资料、电子资源等，也可提供咨询、培训和交流等多种服务。比如，服务站可以设置展览区，展示博物馆收藏的文物、古董等珍品，向公众普及历史文化知识；还可以设置数字资料区，提供数字档案、视频、音频等多种在线资源，方便公众随时查询和学习。

此外，服务站还可以开设咨询台、培训中心等功能区，为公众提供更加全面和个性化的文化服务。比如，对一些专业领域进行深入解读，开设有针对性的讲座和工作坊，为公众提供更加专业的文化教育服务。同时，服务站还可以为公众提供互动交流平台，通过文化活动、艺术展览等各种形式开展文化交流，促进社区文化的发展和提升。

（三）博物馆社区服务案例分析

1.南京博物院"移动博物馆"项目

南京博物院是一座拥有丰富文化遗产资源以及高水平专业团队的综合性博物馆。在发挥好自身优势的同时，该博物馆通过"移动博物馆"项目，将文化服务延伸到社区，为公众提供更便捷、全面、深入的文化体验和教育。

该项目从 2019 年开始，在南京市 10 个区县市中开展。南京博物院利用数字技术手段开发了一系列移动端软件，包括微信小程序、App 等，构建了一套完整的移动博物馆系统，并组织了专业团队对移动博物馆进行日常运营管理。

通过"移动博物馆"，公众可以随时随地了解南京博物院最新的展览信息、展品介绍、历史文化知识等。此外，在"移动博物馆"上还能够参加各种文化活动、在线学习课程、与专家互动交流等，使公众能够在不同的场景下全方位、多维度地了解文化遗产和历史文化。

南京博物院"移动博物馆"项目开展以来，受到社会各界的广泛关注和好评，不仅使南京博物院的文化资源得到更广泛的传播和利用，也为公众提供了一种全新的、更加有趣和便捷的文化服务方式。

2.美国纽约自然历史博物馆的"科学阅读室"项目

美国纽约自然历史博物馆是一座拥有丰富科学资源和专业知识的综合性博物馆。该博物馆通过"科学阅读室"项目，将科普知识和阅读活动带到了社区中。

"科学阅读室"项目旨在鼓励青少年参与科学阅读，扩展他们的知识面，提高科技素养。该项目利用全新的出版模式，将科学教育知识以绘本、图书、杂志等形式输出，并将这些出版物送到社区教育机构、学校、图书馆等地，为公众提供免费的科学阅读服务。

此外，在特定节日或假期，纽约自然历史博物馆还会邀请科学家、儿童作家等专业人士，现场讲解科学知识、分享科学体验，引导公众积极参与科学活动，增强公众对科学事业的认同感和支持度。

"科学阅读室"项目自推出以来，得到了社区成员、学生和家长的积极响应，成为该博物馆社区服务的亮点之一。该项目有效提高了公众的科学素养和知识水平，推动了科技文化的普及和传承，也为该博物馆赢得了更多的声誉和支持。

3.英国伦敦自然历史博物馆的"城市自然助手"项目

英国伦敦自然历史博物馆是一座以动植物、地质化石等为主要收藏和展示内容的博物馆。该博物馆通过"城市自然助手"项目，将自然科学知识与行动结合起来，让公众深入了解和保护当地的野生动植物。

"城市自然助手"项目旨在鼓励公众在日常生活中积极关注城市中出现的野生动植物，记录它们的分布、习性、数量等情况，并向专业人士提交数据，用于科学研究和生态保护。为此，该博物馆制作了一系列在线工具和移动应用程序，方便公众记录和提交相关数据。

除了数据统计和科学研究,"城市自然助手"项目还包括各种文化活动,如走进社区、学校、公园等地开展互动体验活动,举办科普讲座、观察会等。这些活动不仅有助于公众了解当地野生动植物和生态系统,还能增强公众对自然科学的兴趣和热情,提高公众保护环境、生态文明的意识和行动。

"城市自然助手"项目在社区中得到了广泛参与和支持,不仅扩大了博物馆的影响力和声誉,也通过数字技术手段切实推进当地生态环境的监测和保护。该项目为公众提供了一个快乐、有趣、有意义的文化服务体验,同时也为博物馆开展社区服务提供了另一种思路和途径。

四、博物馆志愿者管理

(一)博物馆志愿者的定义和分类

博物馆志愿者是指自愿参与博物馆各项文化事业并以忠诚、热情、付出为核心的群体。他们不但积极参与到博物馆日常的活动、展览、教育等工作中,也是博物馆与公众沟通交流的重要桥梁和推动力量。在博物馆志愿者身上,我们看到了不同年龄、职业背景、兴趣爱好的人们,共同奉献和成就着文化事业,同时也收获着知识、经验、成就感和人生价值的喜悦。

根据博物馆的需求和志愿者的特长,博物馆志愿者可以分为以下几类。

1.总体志愿者

总体志愿者是博物馆中最常见的志愿者类型之一,他们主要负责接待游客、引导参观、解答游客疑问并维护博物馆的秩序。总体志愿者的工作内容非常丰富,包括为游客提供咨询和帮助,引导游客参观展览,协助博物馆活动的准备和实施等。同时,他们还要在现场与游客进行沟通,处理游客投诉、安全事件等突发状况,以确保博物馆内的安全和秩序。除此之外,总体志愿者还需要具备良好的沟通技巧和服务意识,以及友好、耐心、乐观的态度,来满足不同游客的需求,营造温馨和谐的博物馆氛围。总的来说,总体志愿者在博物馆中扮演着重要的角色,既为游客提供了优质的服务,也是博物馆管理和运营中不可或缺的一部分。

2.展示志愿者

展示志愿者是博物馆中的一个重要类型,主要负责展览展品的管理和服务。他们承担着协助策划、组织、准备展览、标注展品信息、解释展览内容等职责,并在展厅内为游客提供专业的导览和讲解,回答各类与展品相关的问题。同时,展示志愿者还需要具有一定的艺术素养和设计能力,以协助设计专业布局、挑选展品,营造出更具有文化氛围和视觉效果的展览空间。在展览现场,展示志愿者需要以亲切友好、耐心细致的方式对待游客,尽力满足他们的需求,帮助他们更好地理解和欣赏展览。总之,展示志愿者为博物馆的展览服务工作做出了很大贡献,他们的付出和努力不仅提高了博物馆的展品展示水平,也增强了游客的参观体验和文化认知。

3.教育志愿者

教育志愿者是博物馆中的一类特殊志愿者,他们主要负责参与博物馆的教育活动,以及编写教材、撰写教案、组织互动游戏等工作。教育志愿者在教育工作中扮演着非常重要的角色,他们能够为学生提供专业的指导和支持,帮助学生更好地理解和掌握博物馆文化知识。此外,教育志愿者还为博物馆向公众普及和推广文化知识做出了很大的贡献,通过不同的教育方式和手段,如讲座、互动体验、线上课程等,加深公众对文化知识的认知和理解。教育志愿者需要具备良好的教育素质和沟通能力,还需要有较强的组织能力和创造力,以便设计出更具有吸引力和互动性的教育活动。

4.研究志愿者

研究志愿者是博物馆中的一类非常重要的志愿者,他们主要负责协助博物馆的学术研究,参与资料整理、制作数字档案、绘制历史地图等工作。研究志愿者在博物馆内发挥着专业技能和知识,帮助博物馆完善各类文化资料和资源,并充当博物馆文化研究和学术交流的重要角色。此外,研究志愿者还需要具备科学研究的思维方式和方法论,以便在协助研究的过程中掌握更多的实战经验和学术知识。研究志愿者在博物馆内的付出得到了广泛认可和赞扬,他们的辛勤工作提高了博物馆的研究水平和学术视野,也为志愿者提供了一个不断学习和成长的机会。总之,研究志愿者在博物馆文化事业中扮演着重要的角色,推进着人类文化的发展和传承。

5.社区志愿者

社区志愿者作为博物馆团队中的重要组成部分，其主要职责是与周边社区建立联系，宣传博物馆文化，开展社区活动等工作。社区志愿者需要具备良好的沟通协调能力和亲和力，积极地为社区服务，搭建博物馆与社会群众之间的桥梁。同时，社区志愿者还需要熟悉当地的自然和人文资源特色，针对当地的需求和兴趣设置合适的文化活动，引导和启迪群众的文化素养和认知。在实践中，社区志愿者参与着博物馆的公益事业，将文化带入生活，通过以小见大、点滴传承的方式，推广博物馆文化，增强居民的文化意识和公共文化服务的满意度。总之，社区志愿者在博物馆文化服务中有着不可或缺的作用，持续推进博物馆文化与社区发展的深度融合，建设更美好的社会文化环境。

6.网络志愿者

网络志愿者是博物馆数字化建设中非常重要的一类志愿者，他们负责协助博物馆建设官方网站、微信公众号等数字媒体平台，参与策划互动活动、编辑线上展览、回答网友问题等工作。网络志愿者需要熟练掌握数字化媒体工具和技术，同时还需具备较强的写作能力和审美素养，以便为博物馆量身定制具有特色的数字文化产品。网络志愿者在推广博物馆文化中发挥着非常重要的作用，通过各种信息化手段向公众介绍博物馆的展览、文物和历史文化，并且通过互动等方式引导公众更好地了解和认知博物馆的价值和意义。在数字化时代，网络志愿者既是信息传播的主力军之一，也是推进博物馆数字化建设和服务质量提升的关键人才。总之，网络志愿者在博物馆数字化建设和文化传播中扮演着不可或缺的角色，为博物馆文化事业做出了重要的贡献。

（二）博物馆志愿者招募和培训

为了招募和培训优秀的博物馆志愿者，通常需要以下流程。

1.招募

招募博物馆志愿者是一个长期且重要的工作，博物馆通常会在适当的时间宣传招募计划，例如在新学年、寒暑假等时段。除了校内宣传，博物馆还会通过社交媒体等渠道发布招募信息，让更多人得知并参与进来。此外，博物馆还会通过志愿者组织、校园宣传等方式扩大宣传范围。具体而言，博物馆会联系当地的志愿者服务机构和社区组织，邀请他们加入志愿者招募活动。同时也会举办一些开放日和现场宣传活动，吸引更多潜在的志愿者加入到博物馆的文化事业中来。总之，博物馆招募志愿者的宣传工作需要全方位展开，借助多种渠道和手段为博物馆发展注入新鲜血液，挖掘和培养人才，吸引社会力量共同参与文化传承和繁荣。

2.甄选

在志愿者招募后，博物馆会接到大量的申请人报名，对所有申请人进行初步筛选是很必要的。在这个环节中，博物馆通常会先对申请人的基本条件和资历进行审查，并通过缩小招募范围的方式，将符合条件的申请人进一步挑选出来，形成一个待面试和考核的名单。在初步筛选过程中，博物馆主要考察申请人是否有热爱文化事业的精神、专业的工作能力、较好的沟通协作能力等个人素质，以及是否与该岗位所需的技能和特点相符合。通过这样的初步筛选，可以为后续的面试和培训提供有针对性的准备，并将最优秀的申请人留至后续的考核和录用环节。总之，在甄选过程中，博物馆需要充分把握每一个环节，平衡地考虑各种因素，并为志愿者提供公开、公平、公正的机会，以确保招募到最适合的人才，为博物馆提供优质服务和展示其价值潜力的最大化输出。

3.培训

博物馆在进行志愿者招募之后，为了让参加招募的志愿者更好地适应其工作，在正式上岗之前需要对他们进行必要的培训。培训通常包括博物馆知识、实践技能、文化素养、服务意识等多个方面。博物馆会根据不同类型和不同岗位需求，设计有针对性的培训计划，以便帮助志愿者更全面地掌握研究领域的知识，学习各种现代科技手段和驾驭博物馆数字化建设的方法，并提高专业能力和岗位技能。此外，博物馆还会注重培养志愿者的文化素养和人文情怀，引导志愿者正确理解博物馆的价值和意义，并提升他们的服务意识和社交技能，以便更好地满足公众对文化事业的需求。

4.安排

当志愿者完成岗前培训之后，博物馆会根据他们的实际情况和特长，统一安排，将他们分配到不同的工作岗位。这些岗位包括接待、解说、教育、研究等多个领域，其中的每一个岗位都是非常重要的，需要具备一定的专业技能和素质才能胜任。同时，博物馆还会为志愿者提供自主选择岗位的机会，以便更好地发挥志愿者的个人优势，并让他们在合适的岗位上施展才华，进一步提高服务水平和文化品质。在实践中，志愿者也应该不断提升能力、扩展经验，这有利于他们更好地适应和胜任工作，同时也增强了博物馆的服务质量和社会影响力。

总之，博物馆志愿者的招募和培训工作是一个完整的流程，需要博物馆设立相应的机构和规范流程，同时注重实际效果，推动志愿者的快速成长和发展，并有效提高博物馆的服务质量和文化影响力。

（三）博物馆志愿者管理的实践

博物馆是传承和弘扬文化的重要场所，而志愿者则是博物馆发展中不可或缺的一部分。他们具有服务社会、传承文化的精神，能够给人们带来真切的文化体验和感受。为了更好地管理和使用志愿者资源，促进志愿服务的发展，博物馆需要制定一套完善的志愿者管理方案。

首先，博物馆需要设立专门的志愿者管理机构和职能部门，负责管理招募、培训、安排、评估等全过程。招募时，应该完善招募制度，通过多种渠道广泛宣传，并接受申请人员的考核。在进行岗前培训之后，再统一安排，将志愿者分配到不同的工作岗位。同时，应根据具体情况和需求，分别对不同类型的志愿者进行分类管理和人员调配，确保志愿者队伍的稳定性和工作效率。

其次，博物馆需要建立健全的志愿服务管理制度和规范操作流程。这包括志愿者行为准则、考核评价标准、岗位职责与权限明确等多个方面。对于行为准则，应对志愿者进行规范教育和引导，让他们养成良好的个人习惯和工作态度。考核评价标准是志愿者工作绩效的核心衡量指标，应该通过科学、公正、严格的考核流程来予以保证。岗位职责与权限明确，能够让志愿者更好地理解自身角色和责任，并与其他机构或人员进行良好的协调和分工合作。

最后，博物馆还需要加强对志愿者的激励和保障措施。在提供必要费用支持、医疗保险和交通补贴等基本福利条件的同时，应该为志愿者提供更广泛的激励与鼓励手段，如颁发荣誉证书、开展专题活动等。这样既能够帮助志愿者更好地融入到博物馆团队中，也能激发志愿的工作热情和积极性，提高博物馆的服务质量和文化影响力。

总之，博物馆的志愿者管理涉及到资源整合、统筹规划、组织协调、监督评估等多个方面。只有建立完善的志愿者管理机制和规范操作流程，加强对志愿者的激励和保障措施，同时要求志愿者履行个人职责，提高其专业素养和工作能力，才能更好地发挥志愿服务在文化事业中的重要作用。

五、博物馆的无障碍服务

（一）无障碍服务的概念及其特点

无障碍服务是一种注重平等、包容和可持续的服务模式，旨在为残疾人、老年人、儿童以及其他不同能力群体提供方便、安全、舒适的服务方式。其核心理念是让每个人都能够平等地享受文化事业中的资源和服务，并且尽可能满足不同人群的需求，遵循普惠性和包容性原则。无障碍服务需要长期投入和持续维护，同时也需要采用通用化设施、工具和程序，确保每个人都能够方便地享受相应的服务。

无障碍服务的特点主要有以下几个方面。

1.平等性

无障碍服务的核心理念是平等性，即无论一个人的身体或精神状态如何，都应该得到同样的重视和待遇。因此，无障碍服务旨在消除所有不同形式的障碍，包括物理、感官、认知和心理等方面的障碍，以确保每个人都能够得到平等的服务。

物理障碍通常包括建筑结构、交通设施、公共场所等方面的障碍。例如，在室内外设置坡道、扶手、轮椅升降机、导盲犬通道等设施，能够有效地解决身体残疾人士在活动和出行中所遇到的问题。

感官障碍包括视觉和听力方面的障碍。为了提高信息获取的质量和效率，无障碍服务可以通过多种数字化技术和语音识别设备来满足有需要的人群。

认知障碍主要指精神障碍或学习困难等问题。在无障碍服务中，可以采用图纸、视频等简明易懂的方式，对内容进行直观化的呈现。

心理障碍则更侧重于传递温暖和关怀。在无障碍服务中，可以采用耐心、关怀的态度，在内容和服务上给予适当的关注和照顾。

2.包容性

包容性是无障碍服务的重要特点之一，它强调将不同群体的需求纳入考虑范围内，并以综合分析和考虑满足各类用户的需求为目标。在制定服务计划和政策时，应该按照人口构成、经济发展水平、文化因素等方面的不同情况，识别并优先考虑弱势群体的需求，尽可能地满足其各类需要。

考虑到服务对象的多样性，包容性应该贯穿于从服务设计、服务实施到服务评估的全过程。具体来说，这包括以下几个方面。

（1）服务设计。在服务设计阶段，应该充分了解各类服务对象的需求和差异，通过多种方式收集信息和反馈，形成可行的设计方案，并对各种设备、工具进行通用化处理，从而最大限度地提高服务的通用性。

（2）服务实施。在服务实施阶段，应该根据各种群体的特殊需求，建立相应的专属服务模式，如提供手语或者辅助听力等特殊服务，确保不会给其中任何一个群体带来不必要的不便。

（3）服务评估。在服务评估的过程中，应该采用科学方法和评估体系，收集服务对象的反馈意见并进行分析，从而不断完善无障碍服务模式和标准，提高服务质量和效率。

总之，包容性是无障碍服务的重要特点，在服务设计、服务实施和服务评估全过程中都需要充分考虑各类服务对象的需求，并通过不断地完善和改进，最大限度地满足不同群体的需求。

3.可持续性

无障碍服务的可持续性是其发展和普及的关键。为了保证服务的质量和可持续性，需要进行长期和持续性的投入和维护工作。这包括协调相关部门的资源，建立完善的服务体系和标准，以及不断引入新技术和理念。

首先，无障碍服务需要得到政府、企业和社会各方面的支持和关注。建立相应的政策法规，并落实相应的资金、人力等资源，以确保无障碍服务能够得到充分的推广和普及。同时，还需要协调各个相关部门的资源，以便更好地整合各项服务资源和优化服务模式。

其次，建立完善的服务体系和标准，也是无障碍服务可持续发展的关键。对服务流程、服务内容、服务标准等方面进行规范，并建立质量监管机制，以保证服务质量得到充分保障。

最后，不断引入新技术和理念，也是无障碍服务可持续发展的关键因素之一。如采用智能硬件设备以及数字化技术等，可以提高服务效率和服务质量，并使得无障碍服务更加普及和便捷。

4.通用性

通用性是无障碍服务的重要特点之一，它强调通过通用化设施、工具和程序，让每个人都可以方便地享受相应的服务。在服务设计和实施过程中，需要考虑到不同人群的需求，以便更好地打破障碍。

为了提高服务的通用性，无障碍服务通常采用以下几种措施。

（1）通用化设施。建筑物、公共场所等设施应该采用通用化设计，例如设置坡道、扶手、升降机等设施，以满足身体残疾人士的需求。同时，在文化资源开发方面也要做到通用化，如对图书、音频、视频等多媒体内容进行数字化处理，以便更好地服务于各类用户。

（2）通用化工具。无障碍服务应该使用通用化工具，如语音识别、智能助手、指示器等设备，以便满足不同能力群体的需求，并且可以通过简单的学习和操作获得有效的服务支持。

（3）通用化程序。无障碍服务应该采用通用化程序，如在线预约、自助服务等方式，以便更好地满足不同群体的需求，并提高服务效率和便捷性。此外，还应该加强服务流程和标准规范，以保证服务质量。

（二）博物馆无障碍服务的模式和方法

1.完善的设施建设

完善的设施建设是博物馆无障碍服务的重要组成部分。在无障碍建设上的投入不仅可以提高残障人士等特殊需求人群的参观体验，也可以让更多人受益，促进博物馆的包容性和可持续发展。

首先，博物馆应该尽量提高空间利用率，在有限的空间中合理分布不同区域，提供不同类型的设施和服务，以满足不同需求的参观者。例如，设置便捷的到达路径、交通工具等，减少步行距离，最大限度地提高服务效率和便捷度。

其次，博物馆应该设置易于进入的主入口，并为身体残疾者、老年人、孕妇或有行动障碍的人群设置方便进入的副入口。通过设计合理的入口，可以让参观者快速、方便地进入展厅。

最后，博物馆还应该安装电梯、升降机、导盲设施等特殊设备，以方便各类人群进出展厅。例如，采用无障碍电梯，可以使得轮椅使用者、老年人等人群更轻松地前往不同楼层。导盲设施则可以为视力残疾者提供更好的参观体验，让他们通过听觉指引、触觉模型等方式了解文物和艺术品。

2.丰富的文化活动

丰富的文化活动是博物馆无障碍服务中重要的一环。在设计展览和文化活动时，应该考虑到不同能力和需求的参观者，以帮助他们获得更好的参观体验，并让博物馆的文化资源更加全面地服务于社会各个层面。

例如，在展厅中可以设置音频、视频辅助功能，包括提供语音讲解、心理音乐、文字介绍等内容，以帮助听力或视力障碍者了解文物和艺术品。同时还可以采用增强现实、虚拟现实等技术手段，为参观者提供更丰富、更互动的参观体验。这些方法不仅可以满足永久性残疾人士的需求，也可以为其他参观者提供新的参观方式和感受。

此外，博物馆还可以提供实时翻译或屏幕字幕等特殊服务，方便国际游客、外籍工作者等人群融入文化。并且还可以针对不同人群的需求开发多样化的讲解、互动体验等活动，如儿童教育活动、老年人健身活动等，以扩大博物馆的服务范围和影响力。

3.强化培训和服务意识

强化培训和服务意识是博物馆无障碍服务的关键环节之一。博物馆工作人员需要接受良好的无障碍服务技能及沟通交流技巧的培训，增强对残障人士服务的意识，以便更好地为残障人士提供服务支持。

首先，博物馆工作人员需要了解残障人士的特殊需求和服务模式，掌握有关无障碍服务领域的知识和技能，如相关法律政策、人体工程学、心理学等方面的内容。这可以通过专业的培训机构、公共服务主管部门或其他专业团队进行培训。

其次，博物馆工作人员需要增强对残障人士服务的意识，包括对残疾人士生活习惯、社交礼仪等方面的咨询和指导，以及对残障人士参观需求和要求的敏感度。加强对无障碍服务的认识和理解，建立起关爱、尊重残障人士的服务文化和价值观念。

最后，博物馆工作人员需要具备较好的沟通交流能力，包括针对不同人群的服务技巧、有效的沟通技巧、多元文化交流能力等方面的培训。这可以为残障人士提供个性化、贴心化的服务，满足其不同的需求。

4.一站式服务平台

一站式服务平台是博物馆无障碍服务的重要手段之一。其采用智能化管理，利用无障碍公共服务信息平台，集成在线购票、自动导览、电子展览等多种功能，使残障人士和一般参观者能够在一个平台上进行全方面的服务体验。

首先，通过线上预订、报名、导览等功能，参观者不需要在现场排队购票或导览，提升了参观效率和便捷度。特别是对于残障人士来说，移动不便或沟通障碍等问题可以得到解决，使他们更容易获得有价值的文化体验。

其次，博物馆的一站式服务平台还可以利用互联网技术提供在线答疑、咨询和投诉反馈等个性化服务。参观者只需在平台上发送相关问题，即可得到及时的回复和解决方案。这为残障人士和其他参观者提供了更加便捷、快速的服务支持。

最后，该平台还可以设置可视化界面，利用图像、声音、文字等方式传达信息，面向各类参观者提供多元化的文化体验。采用智能化管理，能够进行多项数据统计和分析，为博物馆提供更加科学、高效的运营指导。

（三）博物馆无障碍服务案例分析

1.美国自然历史博物馆

美国自然历史博物馆位于华盛顿特区，在无障碍服务方面做出了很多努力。他们为残疾人士提供了手动和电动轮椅的租赁服务，以及可供借阅的听力辅助器等设备。此外，博物馆拥有许多无障碍展览和互动体验项目，包括演讲、学习机会和参观活动。博物馆还利用互联网技术提供有关无障碍服务的详细信息，帮助参观者尽可能全面地了解信息。

2.上海市文化艺术博物馆

上海市文化艺术博物馆在无障碍服务方面也取得了显著成效。他们为残疾人士和老年人提供了便捷的导览服务，并为不同类型的访客设计了多种语言版本的展览信息。此外，博物馆开发了一套数字化应用程序，可以进行智能语音导览，使参观者能够轻松访问博物馆信息。博物馆的"无障碍服务站"还可以提供售票、接待和查询等多项服务，为所有参观者提供便利服务。

3.英国大英博物馆

英国大英博物馆针对视力障碍者提供了多种辅助设施和服务，如放大镜、触摸模型、脑电图等。此外，他们为残疾人士开发了一套智能语音导览系统，使参观者可以听取数字化声音讲解，并在平板电脑上观看相关展品信息。针对听力障碍者，该博物馆还提供了手语导览服务和视频字幕服务，以便让这部分参观者也能够获得全面的文化体验。

4.澳大利亚国立博物馆

澳大利亚国立博物馆为残疾人士提供了多项无障碍服务措施。其中一项是"无障碍路线"，该路线提供导览员带领参观者进行无障碍游览，包括便捷的通道、自动门等设施。该博物馆还开发了无障碍参观指南，提供有关设施和服务的详细信息，以方便残疾人士参观。此外，该博物馆还拥有多种辅助工具，例如手动轮椅、听力辅助器、放大镜等，以满足不同群体的参观需求。

六、博物馆公众参与的新模式

（一）大数据技术在博物馆中的应用

大数据技术在博物馆中的应用可以帮助博物馆更好地了解观众行为和需求，以改善展览策划、管理和服务。通过分析参观者的历史记录和兴趣偏好，博物馆可以为他们提供个性化建议和推荐，以提高参观体验，并增加博物馆的吸引力和参观率。此外，大数据技术还可以用于艺术品的保护与维护工作，如利用传感器和监控技术防止艺术品受到损坏或偷盗等情况，确保展览的安全性和完整性。总之，大数据技术为博物馆带来更多的发展机会和潜力，有望成为博物馆智能化转型过程中的重要支持。

1.观众行为分析

博物馆可以利用传感器和摄像头等设备收集观众数据，以了解他们参观博物馆的方式和时间，并分析访问趋势，以改善博物馆的布局和内容安排。在数字化转型的过程中，这种数据采集和分析已经成为博物馆管理中不可或缺的重要环节。通过分析观众行为数据，博物馆能够了解参观者对展品的实际停留时间、观看次数、拍照频率等信息，从而优化展品布局和陈列策略。此外，博物馆还可以结合观众行为以及反馈意见等信息进行更加深入的分析，了解不同观众群体的需求和兴趣点，进一步个性化服务和推广。综上所述，博物馆应充分运用大数据技术，主动探索和发掘数据价值，以最佳的方案来提高参观者体验和博物馆管理水平。

2.个性化推荐

通过利用大数据技术对参观者的历史记录和兴趣偏好进行分析，博物馆可以开发出智能导览系统来为参观者提供个性化建议和推荐。基于这种应用，博物馆可以根据参观者的相关信息，如年龄、性别、文化背景等，为其推荐特定的展品和活动，并提供精准的讲解和互动体验。这样的服务将有助于增强参观者体验和满意度，还可以促进博物馆的参观率和知名度。此外，由于智能导览系统可随时更新和完善，博物馆可以在不断改进自身服务的同时，积累更多的参观者信息并进行更精细化的运营，创造更高的经济效益和社会价值。

3.艺术品保护与维护

大数据技术在博物馆中的另一个重要应用领域是艺术品保护与维护。随着文化遗产的日益珍贵和脆弱，博物馆需要更加关注艺术品的安全性和完整性。借助大数据技术，博物馆可以对艺术品进行检测、监测和保护，避免相应损失。例如，博物馆使用传感器和监控技术来实时监测展览室内环境温度、湿度等因素，以保持艺术品的稳定状态。此外，利用大数据技术的分析能力，博物馆可以根据艺术品的历史记录和地理信息，制定更好的安全措施和预警策略，防止艺术品受到损坏或偷盗等情况，确保展览的安全性和完整性。这种应用不仅有助于提升博物馆的管理水平和社会形象，而且为艺术品保护带来了更多的可能性和创新方案。

（二）虚拟展览在博物馆公众参与中的应用

虚拟展览不仅可以帮助博物馆吸引更多的参观者，还可以为博物馆扩大受众群体带来更多的机会。虚拟展览具有全球性和去地域限制的特点，能够为远在世界各地的人们提供多元化和生动的文化体验和启示，从而让更多的人了解和关注博物馆所守护的文化遗产。此外，虚拟展览还能有效增强博物馆的社会影响力和知名度，提高博物馆文化价值的认知度和传播效果。虚拟展览对于在疫情等复杂时期亦具有应急性参观需求的人们而言，更是提供了安全、快捷和便利的文化服务，进一步扩大了博物馆的公众参与范围和传播渠道。因此，虚拟展览已经成为当今数字化博物馆面向未来发展的重要方向之一。

1.虚拟展览可以打破地域限制，让更多的人享受到博物馆文化的魅力。

随着科技的不断发展，互联网已经成为传播文化、知识和信息的重要平台。博物馆可以通过互联网等平台，将自身的展览内容展示给全球无论身在何处的参观者，这种趋势在数字化转型的博物馆中得到了更加广泛的应用。

远程参观是虚拟展览的一种重要形式，它可以让参观者无须亲临现场，通过互联网等渠道远程观看和学习。通过这种方式，博物馆可以将自己的文化遗产和展品展示给更多人，包括那些因时间、空间以及其他原因无法亲临博物馆现场的人。这对于促进文化交流、扩大文化影响力具有非常积极的效果，并能够吸引更多受众的关注和支持。

2.虚拟展览还可以为参观者提供更为深入、多元化的文化体验。

虚拟展览通过创新的互动技术，能够为参观者提供更为深入、多元化的文化体验。与传统的静态展览相比，虚拟展览在表现形式上更加生动，具有多样性和创意性。博物馆可以运用 3D 技术、全息投影、VR 等技术手段，打造更加逼真和立体的展览效果，并且提供更富于个性化的参观体验。

虚拟展览还可以整合不同时间段和文化领域的展品，让参观者能够在同一个平台上观赏不同时期的文物、艺术品等展示，以便更好地理解文化演变和世界历史。通过虚拟展览，参观者可以获得更为丰富、多样化的文化体验，从而更好地了解文化遗产和世界历史背景。

此外，一些虚拟展览还可提供自主定制化的参观体验，如在线互动、个人导览等。这些功能可以使每位参观者都能够根据自己的需求和喜好，自由选择展览内容、探索线路、操作交互功能，获取丰富的文化知识和体验。

3.虚拟展览也是博物馆数字化转型中的一种重要手段，可以为博物馆提供更多的发展机会和潜力。

虚拟展览是博物馆数字化转型中的重要组成部分。通过虚拟展览，博物馆可以利用先进技术和互联网平台，打破地域限制，吸引更多观众关注和支持，并实现线上线下联动，增强参观体验和文化交流。此外，虚拟展览也能够为博物馆提供更多的发展机会和潜力，扩大其社交网络，提升公众形象和知名度，推广文化价值和社会效益。因此，虚拟展览在博物馆的发展道路上具有重要的战略意义，也是数字化时代下博物馆创新发展的必由之路。

综合来看，虚拟展览已经成为当今博物馆数字化转型的重要组成部分，在博物馆公众参与方面具有广泛的应用前景。随着技术的不断创新和应用的深入，虚拟展览将为博物馆未来的发展带来更多的可能性和机遇。

（三）社交媒体在博物馆公众参与中的应用

社交媒体在博物馆公众参与中发挥着越来越重要的作用。随着社交媒体技术的不断创新和发展，博物馆展览内容和文化资讯可以通过各种形式的社交媒体平台得以更加广泛、快速地传播，从而实现更大范围的公众参与和互动。

首先，博物馆可以通过社交媒体平台发布各种活动和展览信息、文化资讯等内容，吸引更多观众的关注和支持，并且通过互动、分享、评论等方式扩大其影响力。例如，博物馆可以通过微信公众号、微博、抖音、B 站等平台，向用户推送最新展览信息和文化课程，让用户及时了解并获取相关内容。同时，博物馆也可以利用这些平台依托其粉丝群体，开展线上活动、探索游戏、抽奖互动等形式的社交营销活动，提高用户黏性和转化率。博物馆还可以通过社交媒体平台进行线上直播和互动分享。例如，博物馆可以利用微信直播、B 站直播、抖音直播等平台，展示展厅内的文物和艺术品，让观众足不出户就能参观博物馆，感受历史文化的魅力。同时，博物馆也可以与知名学者、专家、艺术家等进行互动分享，以主题班会、在线问答、研讨会等形式，探讨各类文化话题，提高观众文化素养和审美水平。社交媒体也为博物馆数字营销和粉丝运营提供了更多的思路和创新。例如，博物馆可以针对用户特征和偏好，设计个性化推荐和定制服务；或者开展社群管理和 UGC（用户生成内容）引导，让用户成为博物馆的延伸传播渠道和品牌代言人；或者通过跨界合作和大数据分析等手段，深入挖掘和利用用户价值和文化需求，从而打造具有差异化和竞争优势的文化品牌和产品。

其次，社交媒体还可以提供一种互动性和创新性的参观体验。例如，博物馆可以利用社交媒体平台设计线上互动游戏、问答活动等，让观众参与其中，增强其学习和参与感。同时，这些互动内容也可以帮助博物馆收集观众反馈和需求，不断优化自身服务品质和内容呈现。博物馆还可以利用 VR、AR 技术等先进科技手段，将线上体验和线下展览有机结合，扩大观众参与范围，提高参观效果和用户体验。除了线上互动游戏和问答活动，博物馆还可以利用社交媒体平台开展一系列特色主题活动，增强观众的参与感和体验感。例如，结合重大节日、历史纪念日等日期，博物馆可以推出相关主题活动，设计相应的线上互动内容和线下活动环节，打造丰富多彩、具有教育性和趣味性的文化体验。在 VR、AR 技术和人工智能等领域的不断发展和创新下，博物馆还可以通过线上虚拟展览等方式，为观众提供更加身临其境的学习和参观体验。例如，博物馆可以将知名画家所绘制的油画、水彩等作品进行数字化处理，再结合各类科技手段，打造虚拟现实或增强现实的视觉体验，让观众更好地理解作品背后的文化、艺术内涵。值得一提的是，社交媒体在帮助博物馆进行数字化转型的同时，也对博物馆的业务模式和管理模式产生了深远的影响。博物馆可以从用户数据分析、内容生产与营销等方面入手，以实现更精准的资源调配和管理优化。同时，博物馆也需要加强对知识产权和文化保护的重视，确保数字化转型过程中的合法性和可持续性。

最后，社交媒体对于博物馆的品牌推广和宣传也具有重要意义。博物馆可以通过社交媒体平台与其他机构的合作、转发、互动等形式进行品牌联动和整合营销，扩大知名度和影响力，吸引更多观众前来参观和支持。例如，博物馆可以与当地旅游局、文化部门、知名商家等联合开展应季主题活动，让文化艺术与商业营销相结合，产生更大的社会效益和市场价值。除了与其他机构合作开展应季主题活动，博物馆还可以通过社交媒体平台进行品牌自媒体营销，更好地向观众传递自身的价值理念和文化特色。例如，博物馆可以针对不同的社交媒体平台，制定相应的营销策略和内容呈现方式，吸引更多用户关注和支持。在这个过程中，博物馆需要精准把握观众需求和市场趋势，结合自身特色、历史文化以及时下热点话题等，打造具有思想性、艺术性和趣味性的内容，提升品牌口碑和知名度。同时，博物馆也需要加强用户互动和反馈机制，积极回应用户问题和建议，深化用户信任和品牌认可度。

综上所述，社交媒体已经成为博物馆公众参与中非常重要的应用渠道，对于博物馆数字化转型和创新发展具有重要的战略意义。博物馆可以通过不断强化社交媒体应用，提高参与度、用户黏性和转化率，不断拓宽影响范围和知名度，以便更好地实现自身文化价值的传承、创新与发展。

第四节　博物馆国际交流和合作

一、博物馆国际交流与合作的理论基础

（一）博物馆国际交流与合作的概念及特点

博物馆是一种具有重要文化价值的机构，承担着保护和传承人类历史、文化和艺术遗产的重要使命。博物馆国际交流与合作就是指在这样的使命和背景下，不同国家和地区的博物馆之间开展跨越国界的交流和合作，通过展览、藏品借用、学术研究等方式促进文化交流、学术研究和人员培训，加强各方对专业标准和行业规范的了解与遵守，提高藏品保护和传承水平，推动全球文化多样性的保护和传承，以及世界民间友好关系的建立和发展。

这种交流与合作具有以下几个特点。

1.多元性

博物馆国际交流与合作形式多样，包括展览交流、藏品互换、学术研究、人员培训等多个方面。其中，展览交流是一种常见形式，通过在不同博物馆间展示各自的文物和艺术品，促进文化交流和了解。藏品互换则是不同博物馆间通过借出/借入珍贵文物和艺术品进行交流，从中获得知识和经验，提升收藏水平。同时，在学术研究和人员培训方面，博物馆国际交流和合作也能够促进博物馆工作人员之间的学习和交流。

2.国际性

博物馆国际交流与合作通常跨越国界，涉及到不同国家的博物馆之间的交流和合作。随着全球化进程的加快，博物馆之间的国际交流和合作越来越频繁和广泛，不仅可以传播不同文化之间的知识和信息，还可以促进全球博物馆事业的发展。

3.学术性

博物馆国际交流与合作往往涉及到学术领域的研究和交流。例如，在博物

馆学科领域内，各国博物馆之间的学术交流和合作可以促进学科研究的交流和发展。此外，一些高水平博物馆会定期举办国际性的学术研讨会、论坛等活动，以加强不同博物馆之间的学术交流。

4.文化性

博物馆国际交流与合作往往涉及文化领域的交流和合作，通过这种方式可以促进不同民族和文化之间的相互了解和交流。例如，在众多世界著名的博物馆中，大英博物馆就是一个跨文化交流的典型案例。该博物馆在展示藏品时强调人类历史和文明的连续性，并利用数字化技术等手段打造高效便捷的文化传播方式。

5.双向性

博物馆国际交流与合作是一个双向的过程。既包括国外博物馆向国内博物馆提供支持和帮助，也包括国内博物馆向国外博物馆提供相应的协助和交流。例如，通过在国外创办中国文化展览、参加国际学术研究等形式，中国博物馆可以借鉴海外优秀博物馆的经验，提高服务水平。

（二）博物馆国际交流与合作的意义和价值

博物馆国际交流与合作的意义和价值十分重要，主要表现在以下几个方面。

1.促进文化交流和互相了解

博物馆是一种独特的文化机构，承载着人类的历史、文化和艺术遗产。通过国际交流和合作，博物馆之间可以借助展览、藏品借用、学术研究等形式进行跨文化交流，提高不同民族和文化之间的相互了解和认知，促进文化多样性和世界文化的发展和繁荣，推动全球文化的共享和传递。此外，在数字化领域，博物馆也能够运用互联网等现代科技手段，打造更加便捷和高效的文化传播方式，进一步促进文化交流和弘扬世界文化。总之，博物馆国际交流和合作对于跨越文化障碍、促进文化多样性和世界文化的交流、发展和繁荣具有重要意义。

2.提高藏品保护和传承水平

博物馆藏品作为人类的历史、文化和艺术遗产，对于保护和传承的重要性不言而喻。博物馆之间的国际交流和合作可以促进专业标准与行业规范的了解和遵守，提高全球藏品的保护和传承水平。在藏品借出与接待方面，博物馆间的国际交流和合作将使有价值的藏品被更多人所了解和欣赏。此外，博物馆还可以通过技术交流等方式提升文物修复、防火防灾等方面的能力和技术，更好地保护珍贵文物，实现长期保存。这样的国际交流和合作不仅是对博物馆自身事业的推动和发展，更是对全球文化遗产的保护和传承做出的重要贡献。

3.促进学术研究和人员培训

博物馆作为文化传承的重要机构，其工作人员的素质和能力直接影响着博物馆事业的发展和繁荣。通过国际交流与合作，博物馆工作人员可以接触不同文化和专业背景的人群，获得更广泛、深入的学习和交流机会，拓宽视野，更新知识。另外，通过专家交流、学术研讨等方式，能够促进学术研究和人员培训，提高博物馆管理和服务水平。这样的学习和交流机会有助于推动博物馆事业的转型升级，丰富博物馆服务的内涵和形式，提高博物馆的吸引力和影响力，加强博物馆与公众之间的联系。博物馆工作人员通过国际交流与合作，不仅能够从中获益良多，同时也能够为博物馆的长期发展和事业繁荣做出积极的贡献。

4.加强民间友好关系

博物馆国际交流和合作是一种有益的人文交流形式，能够为不同国家和地区之间的民间友好关系的建立和发展做出贡献。博物馆作为文化遗产的守护者，承载着丰富多彩的人类历史、文化和艺术，其国际交流和合作所涵盖的展览、借用、学术研究、技术交流等方面，都可以促进各国之间的相互了解和信任，加强国际间的连接和互动。同时，这样的交流和合作还能够推动全球文化多样性的保护和传承，弘扬不同文化的魅力和价值，促进文化平等、和谐的共存，为全球和平稳定做出贡献。总之，博物馆国际交流和合作不仅是文化事业的重要推手，更是全球社会和谐发展的重要推动力。

总之，博物馆国际交流与合作对于各国博物馆事业的发展和繁荣具有重要意义。通过开展博物馆之间的国际交流和合作，可以更好地实现文化交流、学术研究、藏品保护和传承等方面的合作，进一步提高博物馆的国际化水平和影响力，实现各国博物馆的共同发展和繁荣。

（三）国际文化交流政策与博物馆国际交流的关系

国际文化交流政策是各国制定的一系列文化方面的对外政策，旨在促进不同民族和国家之间的相互了解、增进友谊、加强合作，实现文化多样性的共享和传递。博物馆国际交流作为文化遗产领域中的重要部分，正是国际文化交流政策推动下的重要内容之一。

国际文化交流政策可以为博物馆国际交流提供政策支持和保障。如从国家层面加大对博物馆国际交流的财政投入、为博物馆的国际交流与合作提供资金支持等。同时，也可以在国际平台上加强对博物馆国际交流与合作的沟通与协调，促进各国博物馆之间的交流与合作。

博物馆国际交流的开展能够切实落实国际文化交流政策的宗旨和目标。通过博物馆文物的跨越国界、跨越时间的借用、展览和学术研究，加强各国在文化领域的交流与合作，增进人民之间的感情和理解，实现"文物交流，增进友谊"的深远意义。此外，在博物馆国际交流与合作中还可以借助现代科技手段的使用，推广数字化的文化传播方式，更好地将世界文化的各种元素向全球公众展示，打造更加便捷和高效的文化交流平台。

博物馆国际交流与合作，不仅有利于博物馆自身事业的发展，更是为实现全人类共同繁荣而奋斗的文化事业的一个重要组成部分。首先，它促进了全球文化多样性的保护和传承，弘扬不同文化的魅力和价值，促进文化平等、和谐的共存。其次，博物馆国际交流也有利于各国之间在经济、政治、社会等领域的合作与发展，为建设和谐稳定的全球社会做出积极贡献。

现代博物馆发展已经趋向多元和综合，从最初的收藏、陈列、研究，到今天的教育、娱乐和社交网络的应用等，数量和类型都呈现出快速增长的趋势。如何创造更多的机会，推动博物馆之间的国际交流与合作更加紧密和深入，保护、传承人类文化遗产，为全球文化的繁荣进程做出更大的贡献，也有了新的思路与方法。

总而言之，博物馆国际交流与国际文化交流政策之间的相互依存，在推动各国之间的文化交流和共享方面具有重要意义。展览、学术研究、数字化的文化传播等方式都能够促进文化多样性和世界文化的交流和发展，实现文化共同体的构建和跨越生动的民间友好故事的创造。只有不断推动博物馆国际交流与合作，加强国际文化交流政策的贯彻和推进，才能更好地保护、传承、发展人类文化遗产，促进各民族之间的相互了解和理解，不断丰富和完善全球文化，为实现人类文明的共同繁荣进程做出更大的贡献。

二、博物馆国际合作的机制和方式

（一）双边和多边合作机制的比较

博物馆国际合作通过双边和多边合作机制来实现。这两种合作机制各有优势，适用于不同场景。双边合作注重个性化、深度合作，更侧重于推动文化传承和交流；而多边合作则更加广泛、开放，注重整体协同，可以涉及更多的文化领域和文化遗产保护问题。无论采取哪种方式，博物馆国际合作都是实现文化多样性共享和传承，建立相互信任、友好关系等人文交流目标的必要手段。

首先，双边博物馆国际合作是指两个国家之间的文化进出口、交流与合作，促进了两国之间文化的交流与传播。相比于多边合作机制，它突出了个性化、深度化的特点。由于双边合作在参与国家之间关系更为紧密，交流方式更加灵活，需求更具体，因此它能够更好地推动文化传承和交流，从而促进两国民间友好关系的建立和发展。同时，双边合作机制可以更容易形成长期稳定的对话机制，提供更多、更丰富的合作内容和更高质量的服务，从而获得更深入的文化交流和技术交流。例如，在博物馆领域，由于双边合作通常涉及到具体场馆之间的互助和交流，它更注重于深度合作，打造丰富的文化产品和服务，进而增强两国博物馆业界之间的合作和交流。

其次，多边博物馆国际合作是指多个国家之间的文化进出口、交流与合作，它突出了群体性、广泛性的特点。相比于双边合作机制，多边合作在参与国家及合作平台上都更广泛，可以涉及更多的文化领域和文化遗产保护问题，是一个更为全面、开放的合作共治方案。多边合作机制在政策沟通、财政支持、资源共享、技术创新等方面可能更加有效，因此可以帮助更多国家和地区分享全球化的文化成果，促进世界文化多样性的保护和传承。例如，一些多边组织在全球范围内展开的联合行动，可以有效地推动博物馆领域的可持续发展和探索创新方案，在各国之间进行文化遗产保护和交流方面提供了重要的帮助。在应对非常时期的情况下，多边合作也能够提供更灵活、快速的应对与处理机制，尤其是在全球疫情影响下，全球博物馆界实现线上合作和文化交流变得更为重要。

总体来说，双边博物馆国际合作适用于较为熟悉和接近的国家之间的交流合作，重点在于推动深度合作，注重个性化服务和文化交流的质量；而多边博物馆国际合作适用于更广泛和多样的国家和地区之间的合作，重点在于提供开放的解决方案，关注群体价值和公益性，注重突出整体协同。

无论是采取双边合作方式还是多边合作方式，博物馆国际合作都是实现文化多样性共享和传承，建立相互信任、友好关系等人文交流目标的必要手段，也是推动当今世界各国文明，优秀之处的实践载体。两种合作方式各自具有其独到之处，对于推动国际文化事业的发展和繁荣都至关重要。

（二）国际组织参与博物馆国际合作的机制和方式

国际组织在博物馆国际合作中起着非常重要的作用。它们通过制定标准和指南、提供建议和技术支持、协助资源共享和培训等方式来推动国际博物馆界的发展和进步。以下是国际组织参与博物馆国际合作的一些机制和方式。

1.联合国教科文组织（UNESCO）

联合国教科文组织（UNESCO）作为世界文化遗产保护的领导机构，致力于保护和传承全球重要文化遗产。它通过向各国提供技术支持、资金援助和专家建议等方式来推动文化遗产保护和国际博物馆交流。联合国教科文组织推动全球博物馆之间的合作和交流，不断完善文化遗产保护标准，提高文化遗产保护意识和能力，同时也帮助各国博物馆更好地保护本国文化遗产，展示世界文化多样性，促进全球文化交流。此外，教科文组织还开展了一系列相关活动，如世界文化遗产名录评选、文化遗产数字化保护、博物馆职业培训和人才交流等，以促进博物馆领域的长期发展和进步。联合国教科文组织的工作是非常重要的，它帮助各国博物馆实现更加全面和可持续的发展，为全球文化遗产的保护和传承做出了重要贡献。

2.国际博物馆理事会（ICOM）

国际博物馆理事会（ICOM）是一个拥有超过 14 万名会员的国际性博物馆组织，代表了世界各地众多国家和地区的专业人士。ICOM 通过制定标准和指南来促进国际博物馆交流并提供专业知识和经验，为全球博物馆领域的创新和发展提供支持。此外，ICOM 还支持各种博物馆项目和活动的实施，包括策展、博物馆管理、遗产保护等方面，鼓励各国之间的文化交流与合作，并推动全球博物馆职业素养的不断提高。ICOM 在国际博物馆界享有很高的声誉，其制定的标准和指南被广泛应用于全球博物馆领域，对博物馆行业的规范化和现代化起到了重要的推动作用，帮助全球博物馆更好地适应时代的变化、推动创新及变革。

3.国际博物馆协会（IAAM）

国际博物馆协会（IAAM）是一个全球性的非政府组织，致力于推动全球博物馆之间的合作和交流，以促进文化遗产保护和可持续发展。IAAM 通过提供培训和技术支持，加强博物馆职员之间的合作，并促进国际间的文化交流，为博物馆界的创新和发展提供了重要的支持。此外，IAAM 还通过组织各种活动和会议，建立一个全球博物馆网络，使得博物馆从其他的国家和地区获取专业知识、参与合作项目成为可能。这些举措有助于提高博物馆职工的专业素养，推动博物馆领域的现代化，将文化遗产与现代科技相结合，实现更好的文化保护和传承。IAAM 在全球已经发挥了重要的作用，成为全球博物馆共同的发展平台，也取得了很多令人欣喜的成果。

4.国际博物馆联合会（IFM）

国际博物馆联合会（IFM）是一个非营利性的非政府组织，致力于推动全球博物馆之间的合作和交流。IFM 通过制定标准和指南、组织研讨会和网络交流等方式来支持博物馆领域的创新和发展。IFM 鼓励各国博物馆之间的联系与合作，可以共同制定最佳实践并分享经验，以提高博物馆管理水平。同时，IFM 也在为全球博物馆领域提供一系列培训课程，包括如何开展研究、策展、进行社区参与、数据管理等方面。IFM 还促成了不同地区之间文化遗产保护方面的交流，并积极推进数字技术在全球博物馆领域的应用。IFM 的工作为世界范围内博物馆的合作和文化交流提供了重要支持和帮助，同时也促进了全球文化遗产保护和传承工作的顺利进行。

5.国际博物馆奖（ICOM-UMAC）

国际博物馆奖（ICOM-UMAC）由国际博物馆理事会与国际大学博物馆委

员会共同主办，旨在表彰那些具有先进思想和实践经验的全球博物馆及其相关领域的成就。ICOM-UMAC 奖项以优秀的创新形式、协作策略和项目管理等方面的出色表现为评审标准，并向获奖机构和个人提供了丰厚的奖金和媒体曝光。该奖项也在提高全球博物馆的认知度和重要性方面发挥着重要作用，激发各国博物馆界的创意和创新，推动博物馆业的不断发展和进步。ICOM-UMAC 奖项是全球博物馆领域内最为重要的奖项之一，其培育数字文化保护创新方法、推动开发各种计算工具来服务于文化遗产保护的重要意义已经得到全世界专家的高度评价并广受欢迎。

这些国际组织参与博物馆国际合作的机制和方式，都为国际博物馆交流与合作提供了有效的平台和手段，对于推动博物馆业界的发展和文化多样性的保护起到了至关重要的作用。

（三）大型博物馆之间的国际合作案例分析

全球各地的博物馆之间都有着广泛而深入的合作。国内外已经有众多的博物馆合作案例。以下列举的是部分案例。

1.故宫博物院和多伦多皇家安大略博物馆

2014 年，故宫博物院与多伦多皇家安大略博物馆开展的故宫展览是中国文化遗产在海外展示的重要活动之一。此次展览共展出了约 300 件珍贵文物藏品，包括宋代瓷器、清代玉器、金银器等多类别文物，展示了中国历史和文化的丰富内涵。该展览为加拿大当地民众和游客提供了欣赏中国文物的机会，推进了中加两国之间的文化交流与合作。该展览还吸引了来自北美洲和其他地区的近 200 万人次观展，成为一次极具影响力的文化盛事。此次合作不仅为故宫博物院在国际舞台上树立了良好的形象，也为中国文化在全球范围内的传播与交流做出了积极贡献。

2.上海自然博物馆和美国自然史博物馆

上海自然博物馆与美国自然史博物馆的合作，为两国之间的生物多样性保护和科学研究领域提供了更多的合作机会。这次合作是建立在两机构之间长期友好关系的基础上，通过签署谅解备忘录来加深和推广合作事项，包括开展联合研究项目、共享资源等在内的多个领域都成为合作的重点。此次合作不仅为两家博物馆增添了新的发展机遇，也有助于推动全球环境保护和生态文明建设进程。可以预见，这种国际合作方式将在未来为全球各国之间的博物馆界开启更广泛、更深入的交流与合作奠定坚实的基础。

3.国家博物馆和法国克莱蒙费朗国立艺术与考古学学院

国家博物馆和法国克莱蒙费朗国立艺术与考古学学院的合作已经成为两国文化交流合作关系的一部分。此次"河姆渡文化展"是中国文化在法国传播的重要代表，旨在向法国公众和学者介绍中国河姆渡文明的历史、文化和艺术特色。展品涵盖了陶器、玉器和铜器等多个领域，并通过生动的展示形式和详细的解说文字，向观众呈现了河姆渡文化的丰富内涵和独特性。这次合作不仅深化了中法之间的文化交流，还有助于世界各国人民更加全面、真实地了解中国文化，促进了文化多样性的发展和推广。同时，这也为两个国家的博物馆界提供了更加广泛和深入的合作契机，共同推动文化事业的进步和发展。

4.路易·威登基金会和莫斯科州立珍宝府博物馆

路易·威登基金会（Fondation Louis Vuitton）和莫斯科州立珍宝府博物馆（The State Museum of the Moscow Kremlin）的艺术展览是两家博物馆在文化交流和合作方面的重要举措。此次展览展示了来自苏格兰艺术家道格拉斯·高夫纳的多件艺术作品，从不同角度呈现了他的创作理念和风格。路易·威登基金会向展览提供了一些重要藏品，并为展览提供了技术和人员方面的支持，帮助莫斯科州立珍宝府博物馆顺利开展展览活动。该展览还是法国文化季活动的一部分，为俄罗斯市民和游客提供了一个近距离欣赏道格拉斯·高夫纳艺术作品的机会，深入推进了法俄三国之间的文化交流和合作。这种国际博物馆之间的合作方式必将为全球文化交流注入更多生机和活力，也将有助于提升各个博物馆的国际影响力和知名度。

5.大都会艺术博物馆和法国卢浮宫博物馆

大都会艺术博物馆（The Metropolitan Museum of Art）和法国卢浮宫博物馆（Musée du Louvre）的合作从 2012 年开始，是全球博物馆界一次意义深远的国际性合作。两家博物馆在研究、展览和学术活动等方面保持紧密的联系，并共同主办过多场跨越不同时期和领域的展览，借出珍贵的艺术品进行展出。这种方式不仅为两家博物馆开创了更多的合作机会，也推进了文化遗产的跨国流传，使更多世界各地的人们能够欣赏到不同国家和地区的艺术珍品。此外，在展览策划、文化交流、艺术品互借等方面也提高了两家博物馆之间的合作水平，深化了美法文化交往。可以预见，这种国际博物馆之间的合作方式必将为世界文化事业的发展注入新的动力和活力。

6.索尔福德大博物馆和美国旧金山市博物馆

索尔福德大博物馆是英国最大的社区历史博物馆之一，位于曼彻斯特地区。该博物馆通过各种展览和互动活动向公众展示该地区丰富的文化遗产和历史。与美国旧金山市博物馆的合作使得该博物馆能够拓展其全球视野，并在国际舞台上推广其文化财富。这种跨文化交流不仅有助于展示该地区多元化的文化遗产，同时也有助于促进两个国家之间的相互了解和友谊。通过这些活动，索尔福德大博物馆成为理解历史和文化的重要场所，并在向公众推广文化遗产方面发挥着核心作用。

三、博物馆国际标准和规范

（一）国际博物馆理事会（ICOM）的标准和规范

国际博物馆理事会（ICOM）制定了一系列标准和规范，以帮助博物馆行业遵循最佳实践，并加强对文化遗产的保护。以下是其中一些标准和规范：

1.博物馆定义

国际博物馆理事会（ICOM）对博物馆的定义是："博物馆是非营利性机构、永久保存、研究和展示为人类和其环境留下的有形和无形遗产，以进行教育、学习和娱乐。"该定义旨在明确博物馆的职责和功能，其中包括以下几个方面。

（1）非营利性机构。博物馆不以牟利为目的，而是通过向公众提供文化活动来实现其使命。

（2）永久保存。博物馆收藏并保护历史文物、艺术品及其他文化遗产，并确保它们得到长期保存。

（3）研究。博物馆致力于通过对文化遗产的研究和解释，促进公众对这些文化遗产的认识和了解。

（4）展示。博物馆通过展览和解释，向公众展示其所收藏的文化遗产，以促进公众对历史、文化和科学等方面的认知。

（5）教育、学习和娱乐。博物馆旨在向公众提供教育、学习和娱乐机会，以便公众更好地了解文化遗产并参与到相应的活动中来。

2.博物馆伦理准则

国际博物馆理事会（ICOM）制定的博物馆伦理准则是一份关于博物馆工作道德和职业规范的指南，它明确了博物馆工作者面临各种复杂伦理问题时应该采取的措施。

这份指南主要包括以下伦理准则。

（1）保护文化遗产。博物馆工作者有责任保护、保存和管理文化遗产，以确保其在未来得到传承。

（2）知识共享。博物馆工作者应该促进知识共享和合作，以便更好地研究、管理和展示文化遗产。

（3）社区参与。博物馆工作者应该与公众进行积极的交流和互动，增加社区参与，并确保文化遗产能够最大限度地为社会服务。

（4）避免不当取得文物。博物馆工作者应该注意避免不当收集或取得文化遗产，应避免哄抬文物价格、窃取文物等行为。

（5）尊重文化多样性。博物馆工作者应该尊重文化多样性，并对文化遗产的来源和背景进行谨慎处理。

3.文化遗产保护政策

国际博物馆理事会（ICOM）鼓励博物馆采用有效措施，以确保文化遗产的保护和管理。ICOM制定了文化遗产保护政策，旨在为博物馆提供指导方针。

这个文化遗产保护政策包括以下几点。

（1）确认博物馆对文化遗产的责任。ICOM建议博物馆应该意识到它们是文化遗产保护和管理的重要机构，对于文化遗产的保存和发展承担着极其重要的责任。

（2）采取适当的措施保护文化遗产。博物馆应该采取适当的措施保护文化遗产，例如加强防火、盗窃和自然灾害等不良因素的处置，并与保护文化遗产的相关组织进行合作。

（3）建立合适的储藏和记录系统。博物馆应该建立合适的储藏和记录系统，以确保文化遗产得到适当的管理、保存及妥善的使用。

（4）促进科学研究。博物馆应该致力于开展与文化遗产相关的科学研究，以了解和保护文化遗产。

（5）推广教育与信息共享。博物馆应该推广有关文化遗产的教育活动，并鼓励信息共享和合作，促进在全球范围内保护和传承文化遗产。

4.馆藏管理

国际博物馆理事会（ICOM）通过制定馆藏管理的标准和规范，旨在帮助博物馆更好地管理、保存和开发其馆藏。这些标准和规范可以为博物馆提供指导方针，以确保它们遵循最佳实践。

以下是 ICOM 馆藏管理标准和规范的主要内容。

（1）财务管理。博物馆应该建立完善的财务管理体系，涵盖馆藏收购、保护、保存、维护、展示、归还等方面，并进行适当的预算规划。

（2）文物记录。博物馆需要维护全面、准确的文物记录，包括物品来源、历史背景、文化价值、保存状况、修复过程等信息。

（3）物品储藏。博物馆应该有合适的存储设施来确保馆藏物品得到安全和适当的保存和保护，如温度控制和防火措施等。

（4）环境控制。博物馆应该采取适当的环境控制措施，包括保持适宜的湿度、温度、光线等，以延长文物的寿命。

（5）物品清单和分类。博物馆应该定期更新文物清单并进行分类，以便更好地管理和利用馆藏。

5.展览和解释

国际博物馆理事会（ICOM）制定了在展览和解释方面的标准和规范，以便公众更好地理解文化遗产。这些标准和规范可以为博物馆提供指导方针，以确保展品能够得到适当的展示和解释。

以下是 ICOM 展览和解释标准和规范的主要内容。

（1）展览设计。博物馆应该设计具有吸引力和多样性，并且能够传达有关文化遗产历史、背景与价值的信息的展览。

（2）符号和标志的使用。博物馆应该在合适的位置使用符号和标志来帮助公众更好地理解展品和其相关信息，如说明标牌、图表和图像等。

（3）语言。博物馆应该使用本地语言或其他普遍使用的语言来解释展品，使公众更好地理解。

（4）多媒体展示。博物馆应该使用多种多媒体手段，如音频、视频、数字展品等，来帮助公众更好地理解文化遗产。

（5）反映社区。博物馆应该反映当地社区的文化和历史，包括社会和文化多样性，以此促进公众对其文化遗产的了解和认知。

6.学习与参与

国际博物馆理事会（ICOM）鼓励博物馆为公众提供教育和学习机会，以促进文化认知和参与。ICOM 认为，博物馆应该是社会的文化场所，并且应该为公众提供越来越多的学习与参与机会。

以下是 ICOM 关于学习与参与的主要内容。

（1）教育活动。博物馆应该为学校和其他组织提供各种教育活动，如讲座、工作坊、课程等，使公众更好地了解文化遗产的历史、意义和价值。

（2）社区参与。博物馆应该积极参与当地社区，并与其合作，在展览、学科研究和文化抢救等方面开展合作和互动。

（3）数字化展览。博物馆可以使用数字技术，如虚拟现实、在线展览等方式，让更多的人能够了解和学习文化遗产。

（4）活动策划。博物馆应该策划各种类型的活动，如音乐会、戏剧表演、工作坊等，以吸引不同年龄段的公众参与到文化遗产的保护和传承中来。

（5）教育资源。博物馆应该收集、整理、开发教育资源，如图片、视频、文献等，为公众提供更多的学习和了解文化遗产的机会。

（二）国际档案管理委员会（ICA）的标准和规范

国际档案管理委员会（ICA）制定了一系列的标准和规范，以帮助各国政府机构、档案馆、图书馆等机构更好地管理和保存其档案资料。这些标准和规范旨在规范档案工作流程、保障历史记录的安全性和完整性，并为档案信息的利用提供指导方针。

以下是 ICA 标准和规范的主要内容。

1.档案管理原则

国际档案管理委员会（ICA）制定的档案管理原则包括了档案收集、分类、保存、记录和利用方面的指导方针，以确保档案数据的完整性和可靠性。这些原则适用于各种类型的档案机构，如政府部门、档案馆、图书馆等。

下面是 ICA 制定的档案管理原则。

（1）遵守法律和伦理规范。在档案管理的过程中，应当遵守所有适用的法律和伦理规范，并重视保密和数据隐私。

（2）收集和鉴定。在进行档案收集和鉴定时，需要确定档案数据的来源、准确性、真实性和完整性，并有合理的程序来验证档案数据的真实性。

（3）组织和分类。档案应该被组织和分类，以便于检索和利用，并且使用标准的命名约定和分类系统进行维护。

（4）保存和保护。档案的保存和保护需要采用与数据价值相符的适当手段，使其不受到破坏或失去可访问性。

（5）记录和元数据。对档案进行记录和元数据管理，确保档案数据的完整性，并提供档案信息的可理解性和可发现性。

（6）利用和传播。利用适当的技术和策略，使档案数据得到广泛的利用和传播，并向公众传达有关档案和历史记录的知识和价值。

2.档案管理体系

国际档案管理委员会（ICA）制定了 ISO15489 系列标准，其中包括了有关档案管理体系设计、实施和评估的指南。这个标准旨在提供档案管理体系建立的指导和框架，以便于各类档案机构更好地进行档案管理工作。

该标准主要包括以下内容。

（1）概述和定义。ISO15489 系列标准对档案管理体系的概念和基本原则进行了解释和界定，使用户可以更好地理解档案管理体系的设计、实施和运营。

（2）档案管理体系设计。该标准提供了一个档案管理体系的设计模型，建议档案机构采取有效的策略、程序、资源和技术来处理档案，以满足组织目标和业务需求。

（3）档案管理体系的实施。该标准详细描述了档案管理体系的实施过程，包括领导和承诺、规划、执行、监控和审查等方面。

（4）档案管理体系的评估。该标准还提供了档案管理体系评估的指南和方法，帮助档案机构进行自我评估和监测，并确定改进和提升档案管理体系的方向和措施。

3.数字档案

国际档案管理委员会（ICA）制定了一系列的数字档案管理标准，旨在规范数字档案的获取、描述、组织、存储和检索。这些标准和指南适用于各种类型的数字数据和多媒体资源，如电子邮件、网站、社交媒体、音频和视频等。

以下是 ICA 关于数字档案方面的主要内容。

（1）数字档案获取与描述。ICA 建议数字档案应该经过合理的授权和政策管控，确保数据来源真实可靠，并且有元数据来描述数字档案的特性和原始数据信息。

（2）数字档案组织。ICA 提出，数字档案应该进行逻辑分类，以便于检索、维护和安全管理。

（3）数字档案存储。数字档案的存储应当考虑到其文件格式、存储介质和访问需求等因素，并采取有效的备份和灾难恢复措施，以确保数字档案的完整性和可持续性。

（4）元数据标准。ICA 制定了一系列的元数据标准和规范，包括 DUBLIN CORE、PREMIS 和 METS 等，用于描述数字档案的内容、结构和上下文信息。

（5）数字档案检索。ICA 提供了许多检索指南和技术，如搜索引擎、分类目录、标签等，以支持数字档案的查找与浏览。

4.档案持久性

国际档案管理委员会（ICA）非常重视档案的持久性问题，并制定了一系列相关标准和指南，旨在确保档案资料的长期保存、保护并传承文化遗产。档案持久性是指档案材料在设计、生产、存储、保存等方面应该考虑的因素，以保证档案资料可以长期保存并能够被永久地使用和访问。

以下是 ICA 关于档案持久性方面的主要内容。

（1）档案保存环境。ICA 强调档案保存环境对于档案的长期保存是至关重要的。需要为档案提供适当的温度、湿度、光线、空气质量等环境，以防止档案材料受到自然破坏或者老化。

（2）档案材料的选择与生产。ICA 建议档案材料的选择应该考虑到其酸碱性、纤维强度、稳定性等特点，以便于长期保存。此外，也需要注意生产过程中的品质控制和档案材料的质量检测工作。

（3）数字档案的长期保存。ICA 提出，数字档案长期保存需要考虑到数据格式，硬件和软件技术的持续性，以及数字档案管理和存储技术的演进等因素，并建议采用跨多个平台和独立于特定技术的标准数据格式。

（4）档案备份和恢复。ICA 建议档案机构需要制定适当的档案备份策略和灾难恢复措施，以确保档案材料在意外事故发生时有可靠的备份和恢复方法。

5.保密档案

国际档案管理委员会（ICA）制定了有关保密档案管理的标准和规范，旨在确保机构持有的保密档案数据得到合适的处理与管理，防止机构敏感信息泄露。

以下是 ICA 关于保密档案方面的主要内容。

（1）保密档案的准确定义。ICA 强调需要对保密档案进行准确定义，使得机构可以明确保密档案相关的范畴、鉴别方法等。同时，这也可避免机构出现保密档案管理不当的情况。

（2）保密档案管理原则的指导。ICA 提出，保密档案管理应遵循保密的原则和法律法规，如政治中立性、个人隐私保护等原则。在此基础上，机构可以结合实际环境，建立符合机构特定需求的保密档案流程与管理体系。

（3）管理措施的落实。ICA 建议机构需要采取必需的技术和组织手段来保证保密档案数据的安全性，如安全控制、加密、电子监察器等。此外，还需要设定访问权限和使用规范，以限制保密档案的获取和使用。

（4）保密档案的宣传与培训。ICA 建议机构应不断加强对保密档案管理的宣传，以便提高员工保密意识，并加强内部数据安全文化的培养。

（三）国际文物保护委员会（ICCROM）的标准和规范

国际文物保护委员会（ICCROM）是一个旨在保护和传承世界各地的文化遗产的组织，为此它制定了一系列标准和规范。ICCROM 的标准和指南旨在提供文物保护相关的最佳实践，以确保文化遗产能够得到适当保护、保存和传承。

以下是 ICCROM 标准和规范的主要内容。

1.文物保护原则

国际文物保护委员会（ICCROM）制定了一系列关于文物保护的原则，旨在提供文物保护相关的最佳实践，以确保文化遗产能够得到适当保护、保存和传承。

以下是 ICCROM 关于文物保护原则的主要内容。

（1）重要性原则。该原则认为文物保护与人类文明的发展息息相关，是保持历史、文化和社会联系的基础。因此，文物保护应被视为国家和全人类的共同责任。

（2）不干预原则。该原则认为应尽量不对文物进行破坏性处理，即"先不破坏"，并且只有在必要时才进行修复和保护。

（3）文物特点原则。该原则认为每个文物都具有其独特的历史、文化和技术特征，因此，需要根据文物的特性制定相应的保护计划和措施。

（4）数据获取原则。该原则认为需要通过各种手段收集和记录文物的信息和数据，以便更好地了解和保护文物。

（5）长期保存原则。该原则强调文物保护应考虑长远影响，即长期保存文物，以传承文化遗产。

（6）国际合作原则。该原则认为需要加强跨越国界的合作，通过国际组织、高层会议等方式制定统一标准，提高全球范围内的文物保护水平。

2.文物保护计划

国际文物保护委员会（ICCROM）制定了一系列关于文物保护计划的指南，旨在帮助相关机构正确地进行文物保护规划，实现文化遗产得到适当保护、保存和传承。

以下是 ICCROM 关于文物保护计划的主要内容。

（1）文物保护规划的目标。该指南建议在制定文物保护计划时确定具体的保护目标，以确保达成期望结果。这些目标应考虑到文物的类型、所处环境的特点以及对文物未来的需求等因素。

（2）文物调查和评估。该指南认为，在制定文物保护计划之前，需要对文物进行全面的调查和评估，包括对文物的历史、文化、技术信息等方面的收集和研究，以便更好地理解并制定相应的保护计划。

（3）风险分析。该指南提出，在制定文物保护计划时，需要进行风险评估并形成风险管理策略，以便最大限度地降低各种风险给文物带来的潜在损害和影响。

（4）保护措施。该指南认为，在制定文物保护计划时，需要制定具体的保护措施，并针对实现这些措施所需的资源、材料、经费和人力进行详细的规划。

（5）实施和监测。该指南认为，在执行文物保护计划后还需要对其实施情况进行监测和评估，以确保目标达成并根据实际情况做出适当的调整。

文物保护技术：ICCROM 关注文物保护的技术问题，提供了多种保护技术的指南，如物理保护、化学保护、生物保护等，以及一些特定领域的保护技术，如建筑、壁画、玻璃等。

3.文物灾害应急处理

国际文物保护委员会（ICCROM）制定了一系列关于文物灾害应急处理的指南，旨在帮助相关机构全面了解文物灾害，及时采取措施，尽量减少损失和破坏，并为文物紧急抢救和修复提供基本方针和方法。

以下是 ICCROM 关于文物灾害应急处理的主要内容。

（1）应急预案。该指南认为，在灾害发生前，需要制定文物应急预案，并对其进行不断更新和完善。预案中包括了应急响应的流程和流程中各个部门的职责及行动。

（2）灾害评估。该指南强调灾后抢救行动需要先进行灾害现场的评估，以确定文物的损失情况、所处危险程度和抢救优先级等信息。

（3）临时措施。该指南提出，需要在收到文物灾害信息时立即采取相应的短期措施，如设立临时隔离区域、加固受损文物等。

（4）抢救处理。该指南提供了实际的抢救处理方法和技术，如确保安全地把文物转移到劫后余生的地方、对文物进行浸泡消毒等。

（5）文物修复和重建。该指南提供了针对不同灾害类型的文物修复和重建指导，如在火灾和水灾中针对文物残留物或部件进行清理和整合。

四、博物馆数字化的国际交流与合作

（一）博物馆数字化的现状及特点

博物馆数字化利用先进技术将馆藏文物、历史资料及展览内容数字化，便于公众通过网络等途径浏览。数字化的内容类型主要包括文物、档案资料和历史文献，而数字化方式则包括数字摄影、三维扫描以及虚拟现实等。博物馆数字化为传统展览方式带来新变革，同时也为博物馆提供了更多的教育和研究资源。然而数字化也面临着存储保护、版权和信息安全等挑战，博物馆需要建立有效管理和保护机制。

以下是博物馆数字化的现状和特点。

1.数字化程度

目前，博物馆数字化工作已经成为全球范围内的趋势。许多大型博物馆已经开始大力开展数字化工作，涉及馆藏文物、档案资料、历史文献等各个领域，甚至建立了一些全方位数字化馆藏系统。数字化技术使得更多人可以通过互联网等途径方便地浏览、学习和研究博物馆文化遗产，有利于提高文化遗产的传播度和保护效果。但是，由于数字化所需的人力、物力、财力成本较高，很多小型博物馆数字化程度较低，限制了数字化的普及度和深入度。因此，需要加强对小型博物馆的支持，鼓励他们参与数字化工作。

2.内容类型

数字化为博物馆带来了新的展示方式和服务形式。数字化的内容类型主要包括馆藏文物、档案资料、历史文献等，这些数字化的资源是博物馆宝贵的文化遗产。通过网络技术，数字化资源可以在世界范围内向公众展示，促进文化交流和教育传承。此外，一些博物馆将展览和教育活动也进行数字化，如数字化展览和在线学习平台等，这有助于博物馆向公众提供更多元、更全面的文化服务。数字化还让残障人士也能够享受到博物馆的文化服务，这对于加强文化平等意识和文化多样性建设具有重要意义。因此，数字化不仅变革了博物馆的传统展示方式，同时也为博物馆提供了更广泛的服务和传播渠道。

3.数字化方式

数字化方式多种多样，主要包括数字摄影、三维扫描和虚拟现实等。其中，数字摄影是较为简单的数字化方式，用于对平面文物进行数字化处理；三维扫描可以将文物建模成三维模型，精度较高，适合对立体文物进行数字化；虚拟现实则可以将文物再现为 3D 场景，提供沉浸式的浏览和学习体验。此外，数字化技术还有许多其他应用，如数字化文献、数字化音频和视频等。随着人工智能、大数据等新技术的不断发展，数字化的形式也更加多样化和精细化。例如，图像识别技术可以自动识别文物中的特征，提高数字化速度和精度，同时人工智能技术也可以让博物馆数字化资源与用户进行智能互动。因此，数字化方式的不断创新，将为博物馆带来全新的数字化体验和服务方式。

4.带来的变革

数字化为博物馆带来了巨大的变革。传统的博物馆展览方式只能通过实地参观的方式，但是数字化技术的应用使得公众可以足不出户地访问博物馆的宝藏，既方便了公众，也提高了文化遗产的传播和保护效果。同时，数字化也为博物馆提供了更多的教育和研究资源，使得学术界和研究人员能够便捷地获取相关信息，拓宽研究领域。数字化还可以帮助博物馆制作更加精美的数字展品，实现互动式探索和学习。另外，数字化还可以打破时空限制，让更多残障人士也能够享受到博物馆的服务。总之，数字化为博物馆带来的变革是深刻的，它不仅推动了文化遗产的保护和传承，还构建着全新的数字文化生态圈。

5.挑战

随着博物馆数字化的普及，博物馆面临着数字存储和保护、版权问题及信息安全等一系列挑战。首先，数字化文件需要进行长期的存储和维护，包括备份、更新、修复等，这需要充足的资金和技术支持。其次，数字化作品可能存在版权纠纷，必须遵守相关法律规定，严格审查数字化内容的版权情况。此外，数字化资源容易被盗用或泄露，信息安全成为最严峻的挑战之一。博物馆需要通过数字化资源管理和保护措施对数字资源进行有效管理和保护，包括加强数字资源的备份和存储、制定数字资源使用规范、优化保密性等。同时，加大数字文化产业的投资力度，进一步推动数字化技术的发展，提高数字化的水平和质量，以应对数字化带来的一系列挑战，建立健全数字化资源的保护机制，确保数字化工作能够顺利进行并更好地服务公众。

（二）数字博物馆的国际标准和规范

数字博物馆的国际标准和规范主要有以下几个方面。

1.CIDOC-CRM

CIDOC-CRM 是数字博物馆中最为重要的国际标准之一，它是由国际博物馆理事会（ICOM）下属的文化遗产信息组织委员会（CIDOC）制定的一个概念参考模型。CIDOC-CRM 定义了数字博物馆中各种元数据类型和它们之间的关系，提供了一种通用的术语表和数据模型，使得不同的数字博物馆可以互相交流和共享数字文化资源。CIDOC-CRM 包括了一个逻辑体系以及不同类型的实体和属性。

CIDOC-CRM 可以用于描述数字博物馆中的各种文物、图片、音频等数字资源的特征，如时空信息、作者、材料、尺寸、展示历史等。CIDOC-CRM 还规定了数字资源的命名方式、分类标准及其语法，保障了数字资源的互通性、可持续性和可访问性。因此，在数字博物馆领域，CIDOC-CRM 已经被广泛应用，成为全球数字博物馆工作的一项重要标准和规范。

2.Dublin Core

Dublin Core 是数字博物馆中广泛使用的一种国际标准和规范，它由 Dublin 核心元数据组织所制定。Dublin Core 主要用于描述网页和数字资源的基本元数据，包含 15 个核心元素，如标题、创作者、日期、主题等。这些元素可以用来描述数字博物馆中的各种文物、图片、音频、视频等数字资源。

Dublin Core 提供了一套丰富的元数据集，以便数字博物馆能够对数字资源进行更加详细的描述和管理。同时，Dublin Core 还规定了元数据元素的命名方式和语法规则，使得不同数字博物馆间的数字资源具有互通性和可访问性，并且保障了数字资源的持久性和可持续性。

在数字博物馆领域，Dublin Core 已经被广泛应用。例如，在数字博物馆的数字化展览、在线学习等方面，Dublin Core 可以用来描述数字资源的属性和信息，帮助用户更好地浏览、搜索和利用数字资源。此外，多数数字博物馆也会遵循 Dublin Core 的规范，将数字资源的元数据信息存储到标准格式中，以便进行索引、检索和管理。

3.METS

METS（Metadata Encoding and Transmission Standard）是数字博物馆中一个开放式的元数据标准，它是用来描述数字文档的 XML 架构。METS 可以用于描述复合数字文档的结构、内容和相关信息，如多媒体资料、展览中的图片集合等。

METS 提供了一种通用的格式，使得不同数字博物馆之间的数字资源可以互相交流并共享，并且可以根据需要自定义各种元数据标签。METS 标准文件包含了结构化的元数据和描述性信息，同时也包括数字文档本身的元素和属性等信息。此外，METS 还可以将数字文档进行分层描述，以方便用户理解和利用数字资源。

在数字博物馆领域，METS 已经被广泛应用。例如，在数字博物馆的数字化展览中，METS 可以被用来描述数字资源的结构和内容；在数字化图书馆中，METS 可以被用来描述文献的单元组成和内部逻辑关系；在数字博物馆中，METS 可以被用来描述数字化的文物、手稿、地图、音频、视频等资源。总之，METS 为数字博物馆提供了更加灵活的元数据描述方式，使得数字资源的描述更加详细和全面。

4.OAIS

OAIS（Open Archival Information System）是一个开放式数字档案信息系统参考模型，它由国际标准化组织（ISO）制定。OAIS 提供了一种标准的、可持续的数字文献保存、管理和访问的框架。OAIS 指定了数字博物馆收集、管理和访问数字文献的各个环节，规定了数字档案信息系统的基本架构和组件。

OAIS 模型主要基于三个模块：数据生命周期模块、功能模块和交互模块。其中，数据生命周期模块描述了数字文献的整个生命周期，包括从数字资源创建和获取，到数字资源的组织、呈现和存储等方面。功能模块则具体描述 OAIS 的任务以及相关的处理过程，包括数字资源的验证、描述、标识、提取、转换和传输等。交互模块则定义了数字档案信息系统与外部用户或其他系统之间的接口和交互方式。

在数字博物馆领域，OAIS 已经成为数字资源管理的重要参考标准。数字博物馆可以根据 OAIS 提供的框架来建立自己的数字资源管理体系，并且通过 OAIS 定义的元素，标识数字文献的各个属性和关系，在数字资源的获取、组织、存储、呈现等各个环节中实现 OAIS 指定的标准化操作，并且不断完善数字文献的元数据信息，保障数字资源的可持续性和可访问性。

总之，国际上在数字博物馆领域已经有很多标准和规范被广泛应用，旨在提高数字文化遗产资源的质量和管理水平。数字博物馆可以根据实际情况选择相关的标准和规范，并严格按照要求进行数字资源的存储、维护、管理和保护工作，以便更好地为公众服务。

（三）数字博物馆的国际合作案例分析

数字博物馆的国际合作案例有很多，以下是一些典型案例。

1.谷歌艺术与文化项目

谷歌艺术与文化项目（Google Arts & Culture）是一个非常有影响力的数字博物馆合作项目，它整合了世界各地的文化遗产数字资源，包括高清图片、视频、3D 模型等，以及相关的知识库和在线学习资源。用户可以在该平台上浏览来自全球 500 多个实体机构的数字展览和文化遗产，如卢浮宫、大英博物馆、国立西班牙博物馆等，从而足不出户就能享受到高品质的文化品位。该项目的成功得益于谷歌技术的支持以及全球文化机构的积极参与，对于促进世界文化交流、历史传承和知识分享都具有重要的意义。

2.欧洲数字图书馆、档案馆和博物馆联盟

欧洲数字图书馆、档案馆和博物馆联盟（Europeana）是一个欧洲联盟项目，旨在将欧洲的数字文化遗产进行收集和整合，为用户提供易于使用的数字内容。

该项目已经与 2000 多个文化机构合作，并共享了超过 5000 万件数字文献，包括画作、图片、音频和视频等资源。Europeana 平台提供了一个方便的搜索引擎和可跨平台访问的界面，使得用户可以更容易地浏览和学习欧洲的文化遗产。同时，Europeana 还推出了一些在线工具和教程，帮助用户更好地利用数字资源进行学习和研究。欧洲数字图书馆、档案馆和博物馆联盟（Europeana）的成功，有力促进了欧洲丰富的文化遗产的保存和传承，展示了数字技术在文化遗产保护和分享领域的重要作用。

3.史密森尼学会

史密森尼学会（Smithsonian Institution）是全球最大的博物馆和研究机构之一，该机构通过数字技术的运用建立了全球最大的数字博物馆系统，在数字博物馆领域取得了很大的成就。数字博物馆系统包括数百万件数字资源，涵盖了文化、历史、科技等各个领域的内容。该系统不仅提供数字展览和在线学习等服务，还支持研究员进行数据挖掘和分析，帮助人们更好地理解文化遗产和全球发展趋势。此外，史密森尼学会还与其他国际博物馆合作创建数字展览等项目，以分享文化遗产和知识。这些成功案例说明了数字技术在博物馆管理中的重要性和应用价值，同时也推动了数字文化遗产的保存和传承工作，使其获得更广泛的社会认同和关注。

4.麻省理工学院数字博物馆

麻省理工学院（MIT）的数字博物馆项目致力于将该校和研究中心的珍贵资料进行数字化处理，并借助现代科技手段，为老师、学生和公众提供丰富的数字资源。该项目已经与全球 100 多个文化机构合作，共同创建数字展览和在线学习资源。麻省理工学院的数字博物馆通过数字技术手段将各种文献、图书、图片、音频、视频等资源进行数字化处理，使得这些珍贵资源可以得到更好的保存和传承，也让更多人能够轻松地接触和学习这些优秀而珍贵的资料。此外，麻省理工学院的数字博物馆还通过分享、交流和合作，不断扩大资源库，打造全球知名的数字文化遗产库，并在数字文化保护和研究领域中发挥重要的作用。

这些国际合作案例体现了数字技术在推动文化遗产数字化方面的重要作用，也凸显了国际博物馆之间合作的紧密性和必要性。数字博物馆的相互合作和共享，不仅能够促进文化交流、历史解读和知识传承，而且有助于加强博物馆之间的联系和友谊，提高数字资源管理的水平和效率。

五、博物馆跨界合作的实践

（一）博物馆与文化创意产业的合作

博物馆和文化创意产业对彼此来说都是不可或缺的组成部分，二者之间进行紧密合作可以达到互惠共赢、相得益彰的效果。在当今数字化时代，博物馆利用数字技术将珍贵的文化遗产以数字化的形式呈现出来，并通过与文化创意产业进行合作，在市场上推广文化产品，这也有助于更多人了解和感受文化传统的魅力。

文化创意产品开发是一个常见的博物馆和文化创意产业的合作方式之一，博物馆可以通过展品或馆藏资源提供灵感和素材，与文化创意企业共同研发设计高品质且有文化内涵的文化创意产品。例如，故宫博物院与多个文化创意公司合作推出了各种文化创意产品，其中包括文化创意衍生品、文化创意餐饮等；京东也与中国国家博物馆建立战略合作伙伴关系，推出了多款博物馆联名文化创意商品。

文化艺术展览巡回合作能够让更多的人欣赏到文化艺术作品和展品，博物馆与文化创意产业机构可以联合策划和组织文化艺术展览，通过巡回展览的方式来展示作品，这也为文化教育活动提供了更多资源。例如，韩国 GENTOSHA 与日本国立博物馆积极开展了 3D 数字化展览计划，并将目光放在世界其他博物馆，将展品"首次"直播至全球各地。在中国大陆地区，南京博物院与腾讯云合作推出虚拟现实 AR 展览《传承》。

教育和公共活动合作可以为观众提供更加多元化的学习方式和参与体验，如举行讲座、工作坊、文化体验等。博物馆与文化创意产业机构可以携手合作，积极举办各类公共教育活动，从而向公众传递文化信息、培养文化人才。例如，台北市立美术馆就与设计师、建筑师、文化创意匠人等近百位专业人士合作，共同开发文化创意产品，举办各种流动式展览以及专属线上课程，拥有全新前瞻的文化艺术品牌。

数字博物馆和虚拟展览合作则越来越成为博物馆和文化创意产业的合作方式。随着数字技术的快速发展，数字博物馆和虚拟展览成为博物馆与文化创意产业合作的重要方式之一。利用数字技术手段，可以将博物馆内的珍贵文物、文化遗产以及艺术品等进行数字化处理，并结合互联网、VR/AR等技术手段，构建虚拟、数字化的博物馆和展览空间，实现数字文化资源的共享传播。如英国国家博物馆在互联网上推出在线数字博物馆，人们可以通过电脑浏览在线博物馆的数字文物，谷歌艺术与文化项目也提供了全球博物馆和文化遗产数字资源平台，为用户带来了更为便利的观展体验。

博物馆和文化创意产业的合作可以促进两者之间资源优势的互补和创新创意的碰撞，同时也带来更多的经济效益和社会价值，并推动文化遗产保护和数字化传承工作。与此同时，这样的合作还能够促进文化创意产业的发展，增强其市场竞争力和影响力。在合作中，博物馆的珍贵文化遗产也得到更好的保存、传承和传播，让更多人有机会了解和体验文化遗产的魅力。总之，博物馆与文化创意产业的合作是非常重要的，需要双方不断探索，加强合作，实现共赢发展。

（二）博物馆与旅游业的合作

随着全球旅游业的迅速发展，博物馆与旅游业之间的联系也更加紧密。博物馆作为文化遗产的代表，具有丰富的历史、文化和艺术内涵，能够向游客传递知识，并提供难得的欣赏和体验机会，为旅游业提供了重要资源。而旅游业则可以通过博物馆丰富的文化资源，打造多样化的旅游产品，吸引更多的游客，实现经济效益和社会价值的双重收益。

在博物馆与旅游业的合作中，可以采用以下几种方式。

1.旅游路线中包含博物馆参观

在旅游路线中包含博物馆参观，不仅能够满足游客的文化需求，更能增加博物馆的曝光率和知名度，促进文化遗产的传承和保护。与此同时，这也是一种融合性的旅游产品，可以将博物馆与其他景点相结合，打造多样化、具有独特魅力的旅游线路。旅游机构需要合理安排时间和流程，以便游客能够充分了解博物馆的历史、文化、艺术内涵，同时也要注重游客的体验感和舒适度，为游客提供良好的服务和体验。通过这种方式，可以让更多的人了解到博物馆的文化价值，提高公众对文化遗产的认识和理解，同时也推动旅游业的发展。

2.合作推出主题旅游产品

合作推出主题旅游产品是博物馆与旅游业合作的另一种方式。博物馆和旅游机构可以共同策划并推出特色旅游产品，如历史文化之旅、科技文明之旅等，让游客有机会了解更多的文化遗产和历史知识，并将博物馆与其他景点相结合，打造具有独特魅力的旅游产品，提高旅游吸引力和竞争力。

这种合作模式融合了文化、旅游、教育等多种要素，既能够满足游客对文化知识的需求，也为旅游业带来了更多的经济利益和社会价值。在合作过程中，博物馆可以充分展示藏品和文化资源，向游客传递历史、文化等方面的知识和信息；旅游机构则可以根据市场需求，策划设计更具有特色和吸引力的旅游产品，提高旅游体验和竞争力。

3.组织博物馆日巡回活动

组织博物馆日巡回活动是博物馆与旅游业合作的另一种方式。博物馆可以在特定的时间段内举行免费或特价开放日，吸引更多的游客前来参观。旅游机构也可以根据博物馆开放日的时间安排相应的行程，让游客能够轻松地参观多个博物馆，体验到不同博物馆的文化魅力。

这种合作模式不仅能够为游客提供更多的文化体验，还可以进一步加强博物馆与旅游业之间的互动，促进文化遗产的保护和传承。在巡回活动中，博物馆可以向游客展示自身的文化特色和独特风貌，并通过多样化的活动方式，增强游客的体验感和参与度。旅游机构则可以根据市场需求，针对不同人群推出不同的行程方案，让游客能够在短时间内深入了解多个博物馆的文化内涵和历史背景。

4.推广文化旅游

推广文化旅游是博物馆与旅游业合作的又一种形式。博物馆可以与旅游机构合作，共同打造更具有文化特色和独特魅力的旅游产品，如红色旅游、民俗文化旅游等。通过这种方式，能够充分展示文化遗产的独特魅力，提高其知名度和影响力，同时也为旅游业带来新的方向和机遇。

在推广文化旅游中，博物馆需要充分发挥自身的文化资源和优势，打造多样化、有特色的旅游产品。旅游机构可以根据市场需求，制定相应的行程方案，并根据不同人群、不同的旅游主题进行差异化推广。通过多种推广形式，如线上线下宣传或通过社交媒体等方式，吸引更多的游客前来参观和了解文化遗产。

博物馆与旅游业的合作不仅有助于促进文化遗产的保护和传承，还可以为博物馆、旅游业及相关产业带来更多的经济效益和就业机会，提高整个行业的竞争力和影响力。同时，这也有助于增强公众对文化遗产的认识和理解，提升整个社会的文化素质，并推动文化旅游事业的深入发展。

在未来，博物馆与旅游业的合作将进一步加强，创新合作模式和方式，推出更多具有特色的旅游产品，为游客带来更好的参观体验，促进文化遗产的保护和传承，实现文化、经济、社会效益的共赢。

（三）博物馆与教育机构的合作

博物馆与教育机构之间的合作已经成为一种趋势和新的方式，这种合作能够为学生提供更丰富、更有意义的教育体验，并且在多方面受益。

首先，在博物馆和教育机构之间的合作中，博物馆能够将自身的文化资源和知识经验有针对性地传递给教育机构。通过合作，博物馆能够为学校提供专家讲座、主题活动、展览等多种形式，拓展学生的视野，增强学生的文化素养。其中，专家讲座可以让学生了解到最前沿的行业信息、研究思路以及理念，掌握最新的科技发展趋势；主题活动则可以让学生在互动交流中了解专业知识，扩大人际交往圈子和影响力；展览则可以将历史、文化等知识呈现给学生，使他们更加深入地了解文化内涵和历史背景。

其次，教育机构可以利用博物馆的文化资源，打造多样化、有特色的教育课程。博物馆不仅可以借助多样性的收藏品和文化遗产，将历史、文化等知识呈现给学生，还可以提供各种专业的教育解读，使学生能够深入了解文化内涵和历史背景。同时，博物馆还可以根据不同年龄段、不同群体的需求，开设不同形式的课程，以更贴近学生的学习兴趣和需求。

再次，博物馆和教育机构之间的合作还可以促进博物馆的现代化转型。随着科技的发展，以数字化技术为代表的新型技术正在逐渐进入博物馆行业。通过与教育机构的合作，博物馆可以更好地借助网络技术、虚拟现实、新媒体等手段，为学生提供更加丰富、多样化的体验方式。这种新兴技术的运用可以让学生在沉浸式的体验中亲身感受到文化内涵和历史背景，更好地掌握专业知识，从而扩大自己的学科领域和视野。

最后，在博物馆和教育机构之间建立长期合作关系，有助于推进博物馆行业的发展和创新。此外，还可以在人才培养、产学研合作等方面进行深度合作，从而实现资源共享和互惠互利。通过这种方式，博物馆可以更好地为社会培养出符合国际标准的专业人才，推动博物馆行业转型升级和可持续发展。

综合来看，博物馆与教育机构之间的合作不仅能够增强学生的文化素养和知识储备，还有助于推进博物馆行业的发展和创新。随着这种合作模式的深入推进，我们有理由相信，未来博物馆与教育机构之间的合作将会愈加密切，带来更多的互惠共赢的成果。此外，这种合作模式也可以为博物馆行业带来更多的商业价值和社会影响力，为文化遗产保护和传承做出更大的贡献。因此，建议博物馆和教育机构在未来的合作中，加强沟通、互动和协作，促进双方之间的资源整合和优势互补，实现共赢发展。

第五章　新时代下博物馆教育创新

第一节　新时代下博物馆教育创新的
基本概念和特征

一、新时代背景下博物馆教育的重要性

在新时代背景下，博物馆教育不仅是一种文化服务，更是一种重要的社会责任和历史使命。随着中华民族实现伟大复兴的进程愈加紧张，文化遗产的保护与传承变得愈发迫切。而博物馆作为一种具有较高社会地位和影响力的文化机构，在此方面拥有不可替代的重要作用。

博物馆作为一种重要的文化机构，其职能不仅是收藏、研究和展示文化遗产，更是将文化和历史信息以多种形式呈现给大众，并通过展览、教育活动等方式增强公众对文化和历史的了解。每一个博物馆都有着自己独特的定位和特色，如中国科学技术馆、上海自然博物馆、国家博物馆等，它们以不同领域的文化和知识为骨干，为人们提供展示和传递文化、增长知识、拓宽思维的平台。

许多博物馆所展出的珍贵文物和历史实物不仅具有极高的历史价值和艺术价值，也是我国文化和历史发展的重要见证和载体。如长城、秦始皇陵兵马俑、故宫等，这些文物和实物代表着我国文化和历史的巅峰和辉煌时期，在向人们展现中华民族博大精深的文化内涵的同时，也推动了我国文化事业的持续发展。

博物馆的展品和文化服务也在不断更新和拓展。从传统文物到现代艺术品、从自然科学到人文地理，博物馆所涉及的领域正在不断扩大和深化，以适应社会的多样化需求和民众对文化的深度探究。同时，博物馆的展览和教育活动也越来越丰富多彩，尤其是数字化技术的引入使博物馆的学习体验更加互动化和

个性化。

随着网络技术的快速发展和信息传播的广泛普及，人们获取知识的途径越来越多元化，如互联网、社交媒体、移动应用等。然而，由于信息来源的不确定性、虚假信息的泛滥、恶意攻击等问题，人们对知识真实性的要求也越来越高。这也使得公众在接收和理解历史、文化和艺术方面的知识更加困难。

博物馆作为一种权威的文化载体和教育机构，能够提供可信度和公信力较高的历史和文化信息，帮助人们更好地辨别真伪，增进对文化遗产的认识和了解。博物馆所展示的文物和历史实物往往具有显著的历史、文化和艺术价值，其可信度和公信力比起其他媒体更高，尤其是在反驳误解、让人们深入理解历史事件和文化现象方面，发挥了无可替代的作用。

此外，博物馆的文物和历史信息也被广泛用于学术研究、教育活动、文化交流等领域，这些信息不仅具有理论意义和历史价值，更是引发了公众讨论和思考的兴趣和热情。博物馆还通过展览、教育活动等形式，向公众传递文化遗产保护与传承、历史知识和艺术鉴赏等方面的知识，促进了文化的多元交流和民族精神的传承。

博物馆教育作为一种向大众提供文化服务和启蒙教育的重要途径，对于青少年的成长和发展有着不可替代的作用。通过参观博物馆，青少年可以接触到丰富多彩的文化形态、历史传承和科学知识，激发兴趣，引导探究，培养审美情趣和人文素质，有助于其全面发展个性和价值观念。

博物馆教育除了能够让学生感受到文化的艺术魅力、历史沉淀和科技的奥妙，也是跨学科综合性教育的重要手段之一，能够增强学生对各个领域的理解和知识的整合。与传统教育方式相比，博物馆教育更富有想象力，展示方式更通俗易懂，还提供了很多有趣的互动活动，这些都使得青少年在感受文化生活的同时，增强了对知识的渴望和学习的动力。

尤其是在当今全球化的背景下，青少年身处信息时代，传统文化和价值观也经常受到挑战和冲击。因此，加大博物馆教育的力度，将其作为推行中华优秀传统文化和民族精神的重要支持之一，对于未来青年人扬我国家文化之风、增强文化软实力和推动文化事业繁荣具有重大意义。

总之，博物馆教育在新时代背景下的重要性越来越凸显。作为一种文化载体和社会使命，博物馆不仅可以提供多样化的文化服务，更可以为我国文化遗产的保护与传承、青少年教育与人文素质提升做出积极贡献，为实现中华民族伟大复兴的中国梦贡献力量。

二、博物馆教育与新时代社会需求的匹配

博物馆教育与新时代社会需求紧密匹配。博物馆是具有历史、文化、艺术和科技等多方面背景的重要文化载体，通过博物馆展览和讲解的形式，可以更好地传递知识、弘扬文化，满足人们对于文化、历史、科技等方面知识的学习需求。

（1）随着社会的发展和进步，人们对多元文化素养和全球视野的需求也在不断提高。

博物馆教育在多元文化和全球化的背景下非常重要。人们对多元文化素养和全球视野的需求不断增加，博物馆作为重要的文化载体之一，可以让人们跨越时空、超越国界地了解各种文化背景和历史传承。通过参观博物馆，人们可以更好地了解不同文化之间的联系和交融，拓展自己的视野和认知，增强对其他国家和地区人民生存状况及其文化需求的理解。

在跨文化交流的方面，博物馆教育也起着重要作用。随着全球化的深入，跨国合作和文化交流正日益增加。具备一定国际视野和跨文化交流能力的人才，将成为适应社会发展和实现个人价值的重要资源。而博物馆教育提供了一个理想的平台，让人们在跨文化交流的过程中更深入地了解其他国家和地区的文化和历史，从而增加对其他文化的尊重和包容，培养出具有国际视野和跨文化交流能力的人才。

（2）新时代社会追求创新和科技发展，需要具备科学精神和科技文化知识的人才。

新时代社会的发展和进步需要具备科学精神和科技文化知识的人才。博物馆展示了许多有关科技和创新的内容，例如各种科技成果、发明制作过程等，激发人们的科学兴趣，增强科学精神和创新动力。通过参观博物馆，人们可以

更深入地认识科学技术革命对社会发展所产生的重要影响，同时了解各个领域中面临的科技挑战和应对方案，提高人们的科学素养和应用能力。

此外，博物馆还提供了一个适宜的环境，鼓励人们积极参与到科学研究和创新实践活动中。如某些科技主题展览，可能会设置相关的互动环节和实验室模型，让参观者能够更直观地感受到科技的奥妙和乐趣。这样的体验既有利于提高科学兴趣和创新能力，也能够帮助人们更好地理解科技革命的本质和意义，从而更好地适应科技发展的需求。

（3）新时代社会注重人文关怀和公共文化服务，需要具备人文素质和文化参与意识的人才。

新时代社会注重人文关怀和公共文化服务，这需要具备具有人文素质和文化参与意识的人才。作为公共文化服务机构，博物馆提供了广泛的文化资源和知识，同时也通过教育和互动活动增强人们的文化参与意识和审美感受。博物馆教育不仅能够满足人们日益增长的文化需求，也有助于提高人们的文化自信和民族自豪感，推动公众文化参与意识和传统文化的传承和弘扬。

博物馆以其独特的地位和使命，成为人们获取文化、历史、艺术等方面知识的主要场所之一。通过丰富的展览和讲解，博物馆向公众介绍各种文化和传统艺术，帮助人们更好地了解自己和其他文化，提高对不同文化的尊重和理解。同时，博物馆还通过各种互动活动和教育项目，让公众更深入地参与到文化传承和艺术创作中来，培养出更多拥有文化自信和创新思维的人才。

在现代社会中，文化自信和民族自豪感的提升也是十分重要的。博物馆教育可以让人们更加深入地了解自己的文化传统和历史渊源，增强对自身文化的认同和自信心，并通过对比学习其他文化，更好地体现出中国人民的民族自豪感。

三、博物馆教育创新的理念和实践

随着新时代的到来，博物馆教育需要不断创新，以满足人们日益增长的文化需求。博物馆教育创新的理念和实践将为人们提供更加广泛、深入、有趣的文化服务。博物馆教育创新的理念和实践是为了适应新时代社会发展需求，更好地满足人们的文化需求。以下是几种博物馆教育创新的理念和实践。

（一）互动体验

互动体验是博物馆教育中的一项重要理念和实践，通过数字技术和互动设备，参观者可以更加直观地体验历史和文化，从而提高参观者的趣味性和互动性。这种方式不仅能够激发人们的兴趣和好奇心，还能够增强人们学习知识的体验感。

虚拟现实、增强现实和体感互动设备是互动体验中常用的技术手段。虚拟现实技术可以创建虚拟环境，让参观者感受到身临其境的文化体验；增强现实技术则能够将数字信息与真实场景相融合，让参观者对历史文化有更生动、直观的感受；而体感互动设备则能够让参观者通过身体的运动、感知来体验历史文化。

在博物馆中，通过数字技术和互动设备打造出的体感互动展区、触摸屏幕导览、多媒体交互式展示等形式，可以将博物馆的文化资源呈现给参观者，使其更好地了解历史文化，满足人们对趣味性和互动性的需求。这种方式也为博物馆教育带来了新的发展机遇和挑战，需要不断地进行技术创新和应用实践，以满足人们日益增长的文化需求。

（二）教育项目

博物馆教育项目是博物馆教育创新的重要方面之一，其主要目的是满足不同年龄段、不同群体对文化知识和历史背景的需求。教育项目可以扩大博物馆的教育广度和深度，也能够加深参观者对文化历史的理解和认识。

博物馆针对儿童和青少年开展科普课程，提供儿童活动室等服务，是博物馆教育项目的一个重要组成部分。这些科普课程一般都是由专业人员讲解，通过丰富多彩的场地设施和互动体验方式吸引孩子们的兴趣，让他们在游戏中自然而然地探索历史和文化。同时，这种形式的教育会潜移默化地增强孩子们对历史和文化的兴趣，让他们更加愿意主动学习。

除此之外，博物馆教育项目还包括学科研究和社区合作等。学科研究项目是针对学生、学者等专业人士的课题研究，让他们通过深入挖掘文化历史知识，加深了解和认识。社区合作则是指博物馆与社区组织或志愿者的联合项目，将博物馆的文化资源服务延伸至社区，提高博物馆在当地群众中的影响力和认可度。

总之，教育项目是博物馆教育创新的重要手段，通过多样的方式为不同年龄层次和特定群体的人们提供文化历史知识和展览，以实现文化普及、传承和弘扬的目标。未来，博物馆需要进一步开拓多元化的教育形式和内容，以更好地满足公众日益增长的文化需求。

（三）科技支持

博物馆采用科技手段，以提高参观者体验和教育效果，是数字化时代的必然趋势。博物馆通过人工智能、大数据分析等科技手段，不仅能够实现资源共享、知识传递，还能够帮助参观者更好地了解历史文化，提高他们对文化遗产的认知和欣赏水平。

移动应用程序和在线网站是博物馆重要的科技支持形式之一。通过这些媒介，参观者可以根据自己的需求和兴趣，随时随地获取丰富多彩的展览资讯和文化背景介绍。这些在线资源除了提供基本的介绍，还能够整合多媒体、音视频、图像等各种视听元素，增强学习和欣赏的趣味性、互动性。

人工智能和大数据分析更加深度地发挥了博物馆科技支持的作用。人工智能在博物馆中的应用，可以为参观者提供个性化推荐服务，精准匹配他们的兴趣和偏好，使他们更好地理解历史文化。而大数据分析则能够结合参观者的浏览记录和文化背景等信息，为博物馆提供更精准的数据分析和优化决策依据。

因此，科技支持对于博物馆的发展和转型具有重要的推动作用。它不仅能够加强参观者与博物馆之间的联络和沟通，还能够增强公众对历史文化遗产的认知水平和参与度。未来，随着数字技术的不断更新和升级，博物馆科技支持将会更加全面、深入，为公众提供更好的文化服务。

（四）社区参与

社区参与是博物馆进行公共文化服务的重要形式之一，其目的在于将博物馆的文化资源、知识和服务延伸至社区，以便更好地满足公众日益增长的文化需求，扩大博物馆的社会影响力和公益作用。

博物馆开展多种形式的社区参与项目，包括社区文化项目、社区志愿服务、社区讲座等。社区文化项目可涵盖艺术、文学、历史、科技等诸多领域，为社区居民提供了近距离接触文化的机会，不仅丰富了他们的文化生活，还增加了文化学习的机会和途径，培养了公众对文化的兴趣和热爱。

社区志愿服务则是一种全新的社区参与方式，旨在搭建起志愿者和博物馆的桥梁，通过志愿服务为社区居民提供更优质的文化服务和体验，同时也能够促进志愿者的个人成长和社会责任感的提升。

社区讲座则是博物馆展开社区教育的一种形式，在这些讲座中，博物馆通过专业人员讲解文化知识，为社区居民提供了文化学习和交流的平台，同时也促进了博物馆与社区之间结构的融合。

总之，社区参与是博物馆不断创新发展的重要方面，有效推进了公共文化服务，提高了社会公益性。博物馆与社区居民之间的互动和交流，可以为建设更富有活力和发展前景的城市做出积极的贡献。未来，博物馆将继续通过多种形式的社区参与项目，积极探索、创新，并为公众提供更加多元化、便捷化的文化服务。

（五）跨界合作

博物馆与其他领域机构和组织进行跨界合作，是博物馆创新发展的重要战略之一。通过这种形式的合作，博物馆与不同行业领域的机构和组织共同设计举办文化活动和展览，既能够拓宽参观者的视野和文化体验，也有利于促进知识交流和合作创新。

艺术机构是博物馆跨界合作的一个重要对象。博物馆和艺术机构的合作，可以为公众提供更加多元化、丰富多彩的文化展示和学习机会，促进文化与艺术的融合和互动，推动文化创意产业的发展。

学术研究机构是博物馆另一个重要的跨界合作对象。博物馆与学术机构的合作，除了可以打通学术研究与实践应用的通道，还有利于探讨与历史文化相关的大众现象和理论议题，促进文化知识的传播和推广。

企业是博物馆跨界合作的另一个重要方向。博物馆与企业合作，可以开展各种形式的文化活动和展览，借助企业所拥有的资源和渠道，将文化知识和服务送达更多的人群。

总之，博物馆与其他领域机构和组织进行跨界合作，对于推进博物馆创新发展、提高公共文化服务水平具有重要意义。未来，博物馆需要继续加强跨界合作的力度，拓宽博物馆与各行各业的交流渠道，不断完善自身建设，以便更好地满足公众日益增长的文化需求。

第二节　博物馆教育受众多元化

一、青少年公益活动在博物馆教育中的应用

（一）青少年公益活动在博物馆教育中的重要作用

青少年公益活动在博物馆教育中扮演着重要的角色，可以帮助青少年更好地了解和认识历史文化，传递社会责任感和公益意识，提升他们的团队合作能力、创新思维和领导能力。

1.拓宽视野

这是因为，博物馆本身就是一个展示和学习历史文化的场所。通过参加博物馆学习和公益活动，青少年可以亲身体验历史文物、艺术品等，了解到不同文化背景下的历史和传统，拓宽他们的视野和知识面。这有助于增强青少年的文化素养和文化自信心，同时也可以帮助他们更好地理解现代社会和国际关系，进而形成独立思考和分析问题的能力。因此，博物馆教育和公益活动对青少年的成长和发展具有积极的影响，对于促进社会文明进步和共同发展起到了重要作用。

2.培养公益意识

博物馆是公共文化设施，具有非赢利性质和社会责任感，在传承历史、保护文化遗产等方面扮演着重要角色。青少年参与博物馆的公益活动，可以深入了解到博物馆背后的公益性质，增强其社会责任感和公益意识。通过这些活动，他们不仅能够了解博物馆的公益价值，还能够亲身体验到自己的行为对社会的影响力。这有助于他们形成积极的公益心态和服务意识，进而投身到更广泛的公益领域，为社会做出更多的贡献。因此，博物馆教育和公益活动对青少年塑

造正确的社会价值观念、促进社会公益事业发展具有重要意义。

3.提高团队协作能力

在公益活动中，青少年需要与其他人合作完成各项任务，这需要他们具备一定的沟通、协调和团队精神等能力，才能顺利完成任务。因此，参加公益活动是锻炼青少年团队协作能力的重要途径之一。

在博物馆教育中，通过组织青少年参与公益活动，可以让他们更加深入地了解文化遗产和博物馆背后的价值，同时也能够增强其团队协作能力。在公益活动中，青少年需要充分利用自己的特长和经验，同时也需要倾听和尊重其他人的意见和建议，这有助于培养他们的团队精神和协作能力。随着团队协作能力的不断提升，青少年还可以在实践中发掘自身潜力和创新能力，为未来的成长打下基础。

4.激发创新思维

博物馆作为一个充满文化遗产的场所，为青少年提供了广泛的文化和艺术资源。通过参加博物馆的公益活动，青少年可以进一步深入探究文化和艺术的内在价值，也可以进行各种形式的文化艺术创作。这有助于激发他们的创新思维和创造力，培养良好的创新氛围。

在博物馆教育中，青少年可以借助丰富的文化和艺术资源进行多种科学实践、文化研究、艺术表现等活动，并通过不断地探索和实践来发掘自身的潜能。这些活动可以激发青少年的艺术天赋和创意思维，同时也鼓励他们敢于尝试各种新颖的创意设计，勇于探索未知领域。经过这些实践和研究，青少年将从中获取重要的人生经验和技能，促进个性全面发展。

5.培养领导能力

在公益活动中，青少年需要承担一定的组织和管理任务，如策划、宣传、组织等，这有助于培养其领导能力和责任心。参与博物馆的公益活动可以帮助青少年了解和体验到公益活动的意义和效果，也能够引导他们感受到自己的行为对社会和他人的影响。在这个过程中，青少年需要面对各种挑战和困难，需要积极思考问题并提出解决方案。在此过程中，青少年可以锻炼自身的领导能力和责任心，成长为更加自信、能干的领袖。

此外，博物馆的公益活动通常是由一个小团队来完成的，团队成员需要共同合作、互相协调，才能够顺利完成任务。在这个过程中，青少年需要懂得尊重他人意见、建立有效沟通和解决问题的能力，从而不断提升自身的领导素质。

（二）青少年公益活动的组织和实施

青少年公益活动在博物馆教育中有着广泛的应用。在组织和实施青少年公益活动时，需要注意以下几点。

1.确定活动主题和目标

青少年的认知水平、兴趣爱好、成长背景等因素不同，需要有针对性地确定适合不同年龄段青少年的主题和目标。例如，对于小学生，可以以博物馆中的某个展厅作为主题，安排适合他们年龄段的参观路线，加强他们的互动体验，让他们通过参观和互动游戏来了解一些基础的文化和科学知识。对于初中生或高中生，则可以将重点放在深度学习上，提供更细致的解释，开设更严谨的课程，培养他们的批判思维能力和自我学习能力。

同时，在确定活动主题和目标时，还应考虑到社会需求和时代特征。例如，在当前环保意识盛行的现代社会，可以引导青少年参与一些环保方向的公益活动，借此让他们认识到环保的重要性，激发他们爱护环境的意识。

2.策划活动内容

在策划青少年公益活动内容时，需要考虑到青少年的认知特点和学习习惯，以及博物馆资源的丰富性。

（1）多样化的活动形式。青少年对传统的学习方式有些反感，在公益活动中也不例外。为了让青少年更加积极地参与活动，可以通过多样化的活动形式来激发他们的兴趣，如游戏、角色扮演、手工制作等。

（2）互动探究的学习方式。青少年喜欢互动性强的学习方式，在活动中应该采用探究性质的学习方式，鼓励他们主动思考、参与并交流。

（3）细节决定成败。博物馆中的文物资料繁多而且细节众多，如果能够将其中的一些特别之处挖掘出来，结合青少年的喜好，就可以吸引他们的注意力。

（4）教育目标导向。在设计活动内容时，应该从教育目标出发，设置相应的难度和程序安排等，并根据不同的年龄段选择合适的教育方式，让青少年达到学习目标。

（5）充分利用博物馆资源。博物馆所拥有的丰富文物资料和专业知识是公益活动中不可或缺的部分。在策划活动内容时，可以充分利用博物馆的各类资源，为青少年提供更加丰富和深入的学习体验。

3.选择合适的场馆

选择合适的场馆是青少年公益活动在博物馆教育中应用的关键之一。博物馆通常具有丰富的文化和历史资源，选择合适的场馆可以为公益活动提供充足的支持。

在选择场馆时，需要考虑以下几个方面。

（1）目标观众。不同的博物馆面向的目标观众也不同，有些博物馆更适合针对小学生，而有些则更适合中学生、大学本科生或者其他人群。根据活动主题和目标选取相应的博物馆场馆。

（2）参观设施。不同的博物馆拥有不同的展厅、设施和环境，包括展示形式、声效体验等，这些都会对活动产生影响。因此，在选择活动场馆时要综合考虑这些因素，选择一个适合活动的场所。

（3）交通便利度。青少年公益活动需要长距离的移动，选取交通便利度高的地点可以帮助节约时间和精力，让活动更顺畅。

（4）安全及保障设施。确保博物馆的场馆设施完善，符合安全标准，以及有充足的保障设施，可以让活动更加安全和稳定。

4.招募志愿者

在青少年公益活动的组织和实施中,招募足够数量的志愿者是非常重要的。志愿者可以为活动提供更多的支持和帮助，同时也可以为青少年提供更多的交流和互动机会。

以下是一些招募志愿者的具体建议。

（1）招募范围广。应该在广泛的范围内招募志愿者，包括学生和家长、社区居民等。这样可以保证有足够的人手来支持活动，并且还可以增加社区参与感。

（2）组织培训。为了确保志愿者的能力和素质，可以提供专业的培训课程，使志愿者能够更好地理解活动内容和流程，并掌握必要的技能。

（3）分配任务。在招募志愿者后，应该根据志愿者的背景和技能分配不同的任务。例如，将教育背景较丰富的志愿者安排在教育环节，将组织能力较强的志愿者安排在协调和管理环节等。

（4）确定志愿服务时间。确定志愿服务时间并明确工作范围和工作职责，让志愿者清楚自己的任务和时间安排。

（5）对志愿者进行及时的反馈和感谢。在志愿者服务结束后，可以对志愿者进行反馈和感谢，鼓励他们继续参与公益活动，同时也能增强团队凝聚力。

5.进行活动评估

青少年公益活动在博物馆教育中的应用中，进行活动评估是非常必要的一步。活动评估可以了解活动效果和搜集反馈意见，从而更好地改进和优化活动。

以下是一些进行活动评估的具体建议。

（1）设立评估指标。在确定评估指标时，应该考虑到活动的目标和主题，并将其具体化为评估指标。例如，对于文化教育类活动，可以设立"参与度""知识获取程度"等评估指标。

（2）收集反馈意见。通过问卷调查、互动交流、面对面访谈以及团队会议等多种形式收集青少年和志愿者的反馈意见，并挖掘其中的问题和困难。

（3）分析评估结果。收集并整理反馈意见后，需要对评估结果进行分析，找出存在的问题和不足之处，并提出改善方案和建议。

（4）定期回顾。定期回顾过往的活动评估结果，总结经验，完善工作流程和相关细节，从而在下次进行活动评估时做得更好。

（三）青少年公益活动与博物馆教育的关系

青少年公益活动与博物馆教育是相互交融、相辅相成的。在博物馆教育中，青少年公益活动能够为博物馆注入新的活力和内容，同时通过公益活动让青少年更好地了解历史文化等方面的知识和情感，从而进一步提高他们的综合素质和社会责任感。

首先，博物馆教育可以帮助青少年建立对历史、文化等方面的认识和了解，并且增强他们的文化自信心和民族自豪感。

　　博物馆教育和青少年公益活动都是非常有价值的教育形式,二者相互交融、相得益彰。通过博物馆教育,青少年可以了解历史、文化等方面的知识和情感,增强其文化自信心和民族自豪感。而通过参与青少年公益活动,他们能够将这些历史文化元素融入到实际行动中,并通过团队合作、志愿服务等方式运用这些知识和情感,从而更好地体现其价值。总之,博物馆教育和青少年公益活动的结合,能够让青少年更好地领略历史文化的魅力,也能让社会更好地感受到青少年积极向上的生命力量。

　　其次,博物馆拥有丰富的文物资料和专业知识,可以为青少年公益活动提供宝贵的资源支持。

　　博物馆拥有丰富的文物资料和专业知识,是一个重要的文化教育资源。作为文化遗产的守护者,博物馆可以为青少年公益活动提供宝贵的资源支持,尤其是在历史、文化等方面的知识和情感上。比如说,博物馆可以让青少年在其中进行学习、创造和探究,结合所学所得,将自己的见解和体验呈现出来,并通过展示成果来展现自己所掌握的知识和经验。

　　通过这种方式,不仅能够充分利用博物馆资源,更能够让青少年更好地了解历史、文化等方面的知识,同时培养他们的创新能力和综合素质。在实践中,青少年能够深入探究历史文化背景,了解文物的信仰内涵、艺术特色,同时学会收集、整理、研究相关信息,并将其转化为实际公益行动的一部分。

　　最后,青少年公益活动也是一种重要的博物馆教育形式。

　　青少年公益活动和博物馆教育密不可分,通过参与公益活动,青少年能够了解社区或城市的发展状况,同时认识到自己在其中的作用和责任。这些体验可以激发他们的社会责任感和团队合作精神,也能够提高他们的创新能力。这些都对青少年的成长和发展具有重要意义。

　　此外,公益活动还可以促进博物馆和社区的互动,增强社区参与感和认同感。博物馆可以举办一系列与社区相关的公益活动,吸引更多的居民来参与。通过这种方式,青少年不仅能够了解社区的历史和文化,还能够和社区居民建立联系,从而形成一种良好的社区氛围和文化环境。

总之，青少年公益活动与博物馆教育的关系密不可分。在博物馆教育中，青少年公益活动可以为博物馆注入新的元素和活力，并且通过公益活动可以让青少年更好地了解历史、文化等方面的知识和情感，从而进一步提高他们的综合素质和社会责任感。同时，博物馆教育也为青少年公益活动提供了丰富的资源和场所支持，让公益活动能够更好地发挥其价值。

（四）青少年公益活动在博物馆教育中的案例分析

青少年公益活动和博物馆教育的结合可以产生非常积极的效果，下面以北京市自然博物馆为例来说明。

北京市自然博物馆的"生态志愿者"项目通过组织青少年志愿者参加环保、生态修复等公益活动，让他们亲身体验自然环境的变化和生态情况的改善，并且培养其责任感和团队合作精神。

此外，故宫博物院也推出了"文化志愿者"项目，该项目旨在通过组织青少年志愿者参与文物修复、展览设计等活动，让他们了解中国古代文化和艺术，并且提高其创新能力和文化素质。

还有一些地方性博物馆也开展了富有特色的青少年公益活动。吉林省通化市的铁西区博物馆就组织社区内的青少年志愿者进行文物保护和宣传活动，同时还将他们的手工制品作为展览内容进行展示。这种方式不仅可以增强青少年对文物的认识和保护意识，同时也可以促进青少年和社区居民之间的交流与互动。

在美国，也有一些博物馆开展了与青少年公益活动相关的项目。如加州自然历史博物馆推出了"城市自然家园"项目，该项目旨在通过将城市中的自然环境纳入到青少年公益活动中，让青少年能够更好地探索自己所在的社区，同时提高他们的环保意识和社会责任感。在这个项目中，青少年志愿者参与到野生动物调查、生态修复等任务中，并且通过展示成果的方式，向公众宣传保护自然环境的重要性。在此过程中，青少年不仅了解了城市中的自然生态，还学到了科学方法和实践技能，同时也增强了他们的创新能力和团队意识。

另外，还有一些博物馆主动邀请青少年组织开展公益活动。明尼苏达州的一家艺术博物馆就邀请当地的青少年组织参与到博物馆周边的环保活动中，如植树造林、垃圾清理等。通过这种方式，青少年不仅了解了城市环境问题，还能够与博物馆建立深入的联系。

（五）展望未来博物馆教育和青少年公益活动的发展趋势

未来，博物馆教育和青少年公益活动将会在数字技术和社会创新的推动下呈现出更多新的发展趋势。

首先，博物馆教育将更加注重数字化和互动化。随着数字科技的不断进步，博物馆可以通过 AR、VR 等数字技术手段，为观众提供更加生动、丰富的展览体验。数字化和互动化的博物馆教育方式能够吸引更多年轻人参与到博物馆的学习和实践中，同时也为传统博物馆注入了活力。

其次，青少年公益活动将更加注重社会创新和可持续发展。随着社会对环保、公益事业的关注度不断上升，青少年参与公益活动的目的也将越来越明确。他们将更加注重社会价值和可持续性，更有意识地将自己所获得的知识和技能应用于社会进步和问题解决中。这种关注社会价值和可持续性的青少年公益活动将为社会带来更多的正能量。

最后，博物馆教育和青少年公益活动将更加注重跨界合作与联动。在当前全球化、多元化的背景下，博物馆和公益组织之间的合作将更加密切。通过联合举办展览、实施项目，博物馆和公益组织可以充分利用各自的资源和优势，创造更为丰富多彩的教育和公益体验。同时，博物馆和社会各界之间的合作也将越来越紧密，博物馆教育和青少年公益活动也将成为社区建设的重要组成部分，能够帮助社区发展壮大。

总之，未来博物馆教育和青少年公益活动将面临着更大的机遇和挑战，只有不断创新，紧跟时代步伐，才能更好地推动这些教育形式的发展，为青少年的成长和社会进步做出更大贡献。博物馆教育和青少年公益活动应该深入挖掘蕴藏于数字技术和社会创新中的巨大潜力，并利用跨界合作和联动的方式，让博物馆教育和青少年公益活动发挥更大的作用，推动社会进步和发展。

（六）老年人健康教育在博物馆教育中的应用

老年人健康教育在博物馆教育中的应用是一种有效的方式。博物馆作为一个传承历史和文化的场所，不仅可以展示丰富的文化遗产，还可以通过各种形式的活动促进老年人健康教育的发展。老年人健康教育与博物馆教育相结合是一种具有很大潜力的方法。这种方法不仅可以让老年人更全方位地理解健康知识和生活质量，还可以促进他们积极参与社会文化活动，使得老年人在人生的晚年更加精神饱满、愉快和富有成就感。

首先，在博物馆中设置健康主题区域是一种非常有效的方式，可以让老年人深入了解健康知识和预防疾病的方法。通过展示人体解剖、自然病毒等方面的内容，老年人可以更清晰地认识自己的身体构造和内部器官的功能，从而更好地理解应该如何保护自己的身体健康。同时，在这个区域还可以宣传健康生活方式的重要性，比如营养均衡饮食、适当的运动以及外出注意安全等方面的信息，对于那些容易忽视或不注意自身健康问题的老年人来说，这种方式尤为有益，可以提高他们的健康意识，预防生活中出现的各种慢性疾病和安全风险。

其次，博物馆内举办各种健康教育活动，是为老年人提供及时的健康服务和全方位的健康知识而采取的一种方式。通过邀请医护人员进行身体检查或者健康讲座，老年人能够更全面地了解各类常见疾病的防治知识以及自我维护保健的方法。同时，博物馆还可以安排营养学家对老年人们的饮食状况进行评估，提出适当的营养建议，等等。此外，心理学家也可随时为老年人提供心理咨询服务，帮助他们缓解负面情绪，改变消极心态，增强生活自信心。总之，在博物馆中开展针对老年人的健康教育活动，可以极大地促进老年人健康知识的传播和健康素养的提高，从而全面推进老年人健康事业的发展。

最后，在博物馆中设置交互式展示设施，是为了进一步提高老年人健康教育的效果而采取的一种非常有效的方式。例如，可以设置一些虚拟现实技术的互动装置，让老年人亲身体验各种医疗检查、手术等，从而更深入地了解身体构造和疾病防治的过程。此外，还可以采用语音引导技术，向老年人介绍各类健康知识，例如如何适度饮食、如何进行正确的运动等。这种方式不仅可以使老年人更全面地了解自己的身体情况和健康保健方案，同时也能够充分激发他们学习的兴趣和好奇心，提高学习成效，并进一步促进老年人主动关注和参与到健康事业当中来。总之，在博物馆教育中应用交互式展示设施，可以提高老年人的兴趣和学习积极性，从而推动老年人健康教育工作的持续发展。

老年人健康教育在博物馆教育中的应用，可以通过多种方法对老年人进行健康知识的传播和宣传。除上述提到的健康主题区域、健康讲座和交流活动以及交互式展示设施等措施之外，还可以采用以下方式。

首先，在博物馆内开展文化体验活动。老年人可以参观各种文物、艺术品和民俗展览，也可以参与一些书法、绘画、陶艺等文化体验。这些活动不仅有助于拓宽老年人的视野，还可以使其保持积极向上的心态，从而更好地保持身心健康。

其次，在博物馆内设置健康小品展示，如种植花卉、摆放音乐器材、读书角等，可以为老年人提供一个温馨舒适的环境，从而吸引老年人前来参观和交流。

再次，可以组织一些健康运动或者户外活动，如散步、打太极、参观周边景点等。这不仅是锻炼身体的好方式，还能够帮助老年人与他人交流互动，增强与周边环境的联系。

最后，在博物馆内设置养生食品区域和膳食营养讲座也是重要的。老年人可以了解健康饮食，并学习制作养生食品，从而改善饮食结构，减少疾病的发生。

总之，老年人健康教育在博物馆教育中应用的方式多种多样，可根据老年人自身情况和需求进行定制化设计。通过各种手段，可以让老年人收益颇丰，同时也可以促进社会对老年人关注和支持的加强。

三、动漫文化与博物馆教育的融合创新

动漫文化和博物馆教育是两个不同领域的文化形式，但它们也有着很多相通之处。将它们进行融合创新，可以为博物馆教育注入新的活力，并让年轻观众更加积极地参与到博物馆的学习和探索中。

1.将动漫元素融入到博物馆展览中，可以吸引更多年轻人的关注。

将动漫元素融入到博物馆展览中，具有很多吸引年轻人的优点，可以让更多年轻人对博物馆产生兴趣，从而激发他们学习、探索的热情。动漫作品通常非常丰富多彩，能够吸引青少年的注意力和兴趣，在博物馆展览中加入一些与动漫有关的元素或主题，不仅能够增加参观者的数量，还可以提高博物馆教育

的效果。

例如，在科技馆或自然博物馆的环节中加入动漫人物立体雕塑、AR 和 VR 增强现实影像等数字技术，可以让观众以全新的方式感受到历史文化、自然科学和科技成果，从而更好地理解这些领域内的知识和故事。此外，动漫设计师可以通过特别的视觉效果制做出生动且丰富的展品，以表达更多的内容和传达更深层次的信息。这样，参观博物馆的青少年就可能会更愿意留下来深入了解展品所蕴含的知识和文化背景。

2.借助动漫文化的创意和设计，可以让博物馆展示更富有吸引力的展品。

动漫文化的创意和设计能够为博物馆展品带来更大的吸引力，并激发年轻观众的兴趣和好奇心。插画师和动漫设计师拥有丰富的视觉技巧和想象力，他们通过创新的表现方式和设计理念打造出了生动、精美而又丰富的展品，从而让观众能够更深入地了解文化历史、自然科学和科技成果，同时体验到更加丰富多彩的博物馆教育环节。

例如，在博物馆进行时装展览时，可以引入动漫和游戏中的角色设计来增加展览的时尚元素。这样一来，不仅可以吸引更多青少年参观，还可以增加他们对服装文化历史和发展的了解和兴趣。通过将历史文化与流行元素相结合，年轻人能够更好地理解文化发展的脉络和道理，从而增强他们对传统文化的认同和尊重。

除此之外，动漫设计师还可以在博物馆的其他展品中加入动漫元素，如视频介绍、互动设施等。通过这些创意的设计方式，既能使展品更丰富有趣，又能为观众提供更全面的知识与信息，让青少年更深刻地了解文化历史的内涵和价值。

3.通过制作动漫形式的博物馆介绍影片，在传达知识和故事的同时，也能给观众带来更为有趣的视听体验。

通过将历史和文化、科技和自然等主题以动漫的形式呈现，参观者可以更加深刻地了解博物馆所展示的内容。这些动漫形式的介绍片可以通过社交媒体、博客等网络平台进行传播，吸引更多年轻人的参观。

在当今数字化的时代，动漫形式的博物馆介绍以及动漫产业所具有的粉丝经济模式，为博物馆教育带来了更多方向和创新空间。动漫产业拥有庞大的粉丝基础和强大的影响力，因此博物馆可以利用这些资源来扩大影响范围、提高知名度和吸引更多观众。

同时，动漫形式也有助于跨越语言和文化的障碍，让观众更容易接受和理解展品所蕴含的知识和信息。正如人们日益重视互动性和体验感一样，动漫形式的博物馆介绍将成为未来博物馆教育的重要组成部分，为观众提供更加丰富、多样化的学习体验。

4.在博物馆教育领域，也可以借鉴动漫产业的商业模式，通过授权、合作等方式打造基于 IP 的博物馆产品线。

博物馆教育领域可以借鉴动漫产业的商业模式，通过授权、合作等方式，打造基于 IP 的博物馆产品线。这种方式不仅可以为博物馆增加新的收入来源，还可以将博物馆标志性形象或文化元素变成一种流行 IP，从而让更多人了解和重视博物馆。

授权是指博物馆向动漫公司授予使用其标志性形象或其他文化元素的权利，让动漫公司在其相关作品中使用博物馆元素。合作则是双方共同开发基于博物馆文化和历史的新产品，如图书、玩偶、周边商品等。

通过将博物馆文化与动漫产业相结合，博物馆可以吸引更多年轻观众，扩大影响范围和知名度。同时，动漫产业也能够通过与博物馆合作，获得更多的文化资源，并将其转化为有价值的 IP 产品。这种良性互动有利于推动多元文化的交流和发展，对于两个领域的进一步繁荣有着积极的意义。

总之，在未来，博物馆和动漫产业应该加强合作，共同推动两个领域之间的创新和发展。通过融合创新，动漫文化和博物馆教育可以给年轻观众带来更好的学习体验，并激发他们对传统文化、历史故事以及科技成果的兴趣和热情。这样一来，青少年就能够更好地了解和认识文化历史，同时也可以培养他们的创造性思维和想象力。

四、博物馆与社区教育合作

（一）博物馆与学校合作创新实践

博物馆是文化传承和知识普及的重要场所，而学校则是培养未来人才和传递文化底蕴的主要载体。因此，博物馆与学校之间的合作创新实践对于提高教育质量、推动文化交流具有非常重要的意义。

1.通过学校组织博物馆参观和考察，可以让学生更深入地了解博物馆所展示的文物、艺术作品和科技成果。

学校组织博物馆参观和考察是非常重要的教育方式之一。学生可以通过参观博物馆来深入了解文化、艺术、历史和科技等领域里的丰富知识和成就，从而更好地认识和理解社会现象和人类智慧。

作为非正式教育场所，博物馆既有盎然的文化气息，也有别具一格的展示方式，其展品和陈列大多以物件为主，能够吸引学生的注意力并激发他们对知识的探索欲望。同时，博物馆展品的丰富多彩也是让学生深入了解人类文明和科技进步等方面知识的优质资源。

博物馆不同于传统的教育机构，这种非正式的学习环境有利于学生发挥自身的主导权，提高学习的兴趣和热情。博物馆的展品和展示方式都能够引导学生产生好奇心，并鼓励他们去探索、思考。因此，学校应该积极组织学生到博物馆进行参观和考察，让学生在丰富的视觉、触觉、听觉等方面获得有益的教育体验，从而更好地发现自身潜力，提高个人素质和综合能力。

2.博物馆可以为学校提供文物、影像等各类资源，支持学校开展文化、历史、地理及其他人文社会科学课程的教学。

博物馆作为文化遗产的守护者和传承者，其收藏的文物和影像以及其他相关资源都是学校教育所需的优质素材。博物馆可以为学校提供多种资源，如文物、现场考察、影像资料等，让学生在实践中感受知识的魅力，拓展他们的知识面和视野。

同时，借助博物馆资源设立"博物馆课堂""博物馆主题日"等活动，能够为学生提供丰富、特色化的教育内容。这些活动在为学生提供精彩纷呈的课程内容的同时，也能够增强学习的趣味性和实践性。通过博物馆内的文物、展品、陈列等方式，让学生更加亲身地了解文化底蕴和社会历史，同时加深对人类智慧和文化传统的认识和理解。

3.学校和博物馆还可以共同开发一些互动性强、实践性强的教育项目，如博物馆夜间活动、VR虚拟博物馆、专项讲座等，让学生能够更加真实地感受到博物馆所包含的知识和文化内涵。

博物馆与学校之间的合作创新不仅可以提供丰富的教育资源，而且通过共同开发互动性强、实践性强的教育项目，更能够增强学生的参与感和体验感，使他们更加真切地感受到博物馆所包含的知识和文化内涵。

例如，博物馆夜间活动、VR虚拟博物馆、专项讲座等内容，都具有非常高的趣味性和创新性。其中，VR虚拟博物馆是近年来新兴的一种展示方式，通过利用数字技术，将博物馆的文物、艺术品、建筑等内容通过虚拟现实技术进行再现，让学生在虚拟环境中获得更加丰富、真实的体验感。此外，博物馆夜间活动和专项讲座也为学生提供了更多接触博物馆文化的机会，能够增加学生对文化传承和科技进步的理解。

这些互动性强、实践性强的教育项目，除了有益于学生的学习效果，也能够激发他们的思考和创造力，促使他们在知识探索和实践中不断成长。因此，博物馆和学校应该在共同开发这些项目的同时，注重提高教育体验、加强教学效果，创新教学方式和方法，为学生的学习和未来发展打造更加完善、多元化的教育环境。

总之，博物馆与学校合作创新实践不仅可以丰富学生的知识面和体验感，还可以为博物馆增加新的社会功能和影响力，促进优质教育的普及和文化价值的传承。未来，希望博物馆和学校能够加强合作，充分发挥各自的资源和优势，共同探索更多符合时代需求和学生需求的教育模式和内容，让更多人深入了解博物馆的文化价值和重要性。

（二）博物馆与社区合作创新实践

博物馆作为文化传承与教育场所，扮演着极其重要的角色。它们不仅是展示世界文化和历史成就的窗口，还是推广社会文明和知识普及的平台。在开展自身工作的同时，博物馆也应当与社区进行合作创新实践，在加强文化交流、促进社会发展方面发挥作用。

博物馆通过各种文化活动、参观和讲解等方式，可以促进社区居民了解和传承文化知识。组织具有地方特色的展览，能够向人们展示当地历史和文化的独特魅力，激发人们对本土文化的兴趣和认同感。例如，在某些地区，博物馆可以展出当地民间工艺品，介绍当地民间习俗和风土人情，引导社区居民了解并参与到这些文化活动中。此外，还可以举办一些以互动性为主的文化活动，如主题分享会、DIY 手工制作、文化体验等，增强社区居民的参与性和体验感，从而提高文化交流的质量和效果。通过这样的方式，博物馆可以吸引更多的民众前来参观，并在活动中进行文化传承与交流。同时，这也为博物馆拓宽观众群体、提升服务质量和推广文化传承打下了基础。因此，博物馆应当积极开展各类文化活动，加强与社区的沟通和交流，为社区居民提供更好的文化服务。

博物馆向社区提供相关的资源和咨询服务，可以促进文化传承、保护与发展。例如，在文化遗产保护方面，博物馆可以为社区居民提供专业知识和技术支持，帮助社区居民了解并保护当地的文化遗产。此外，在文化活动策划方面，博物馆可以提供专业的组织策划或顾问服务，协助社区居民规划不同类型的文化活动。为了更好地服务社区，博物馆可以开设咨询热线或建立文化服务中心，为社区居民提供在线咨询和服务。这样可以让社区居民更加便捷地获得专业的文化咨询和指导，同时也增加了博物馆在社区中的影响力和可见性。除此之外，博物馆还应该高度重视互联网和数字媒体等新兴技术的应用，通过建立官方网站、微信公众号等平台，为社区居民提供全天候、多角度、多层次的在线文化交流和分享。在提供资源和咨询服务的过程中，博物馆需要注重与社区居民的沟通交流，了解社区文化需求和服务反馈，及时进行调整和改进服务内容和形式。这样才能更好地满足社区居民的文化需求并增进其信任感，提高博物馆在社区中的认知度、口碑和影响力。

博物馆可以通过开展志愿者培训和人才培养等工作，将自身的文化传承理念和技术方法分享给社区，为社区居民提供更好的教育、文化和科技服务，促进社区的可持续发展。

博物馆可以面向社会公开培训课程，例如策展、文物修复、文化遗产保护等方面的专业知识和技能。这样，可以为有志于从事博物馆、文化遗产保护等相关行业的青年提供具体的培训机会，从而促进文化人才的培养和输送。博物馆还可以与学校合作，共同开展各类文化传承与教育活动，在学生中推广文化知识普及和传承的观念。如在学校举办文化节、教授文物鉴定等课程，以及在假期组织学生参观博物馆或进行志愿服务，使青少年更加了解并热爱本土文化，激发他们对文化保护和传承的兴趣，培养其参与文化事业的积极性和责任感。博物馆可以通过开展志愿者招募和培训，将博物馆的文化理念和服务理念普及到社区居民中。志愿者可以作为博物馆与社区沟通交流的桥梁，将博物馆的文化知识和服务介绍到更广泛的群体中去。

在博物馆与社区合作创新实践中，结合社区需求，开展针对性强的创新项目是非常有必要的。这种方式可以满足社区居民不断增长的文化需求，并促进社区文化和社会发展目标的互利共赢。博物馆可以与社区一起开展公共文化设施建设项目。通过充分了解社区的实际情况和需求，博物馆可以为社区提供各种文化设施，如图书馆、文化活动中心、多媒体阅读室等。这些设施不仅能够满足社区居民的文化需求，还能扩大博物馆和社区的影响力和知名度。博物馆可以结合社区需求开展文化信息普及项目。例如，在社区公共场所张贴文化宣传海报或设置文化主题展示区，或者在社交媒体上开设专栏，传达文化知识，提高社区居民的文化素质和认知水平。博物馆可以开展社区文化素质提升项目。例如，结合本地特色，开展民族传统文化继承和扶持计划，鼓励居民参与本土文化传承和创新。博物馆还可以开设各种文化知识培训班，提高社区居民的文化素质和技能水平。

总之，博物馆与社区之间的合作创新是一种极具前景的合作模式，它不仅能够推动文化普及、彰显文明之美，还能增强社区居民的参与感、获得感和幸福感。在未来，博物馆应当越来越注重与社区的合作创新，并加强合作的广度和深度，更好地推动文化传承和社会发展。

（三）博物馆与文化企业合作创新实践

博物馆与文化企业合作创新实践是一种互惠共赢、融合发展的重要途径，可以为博物馆和文化企业带来更大的商业价值和文化影响力。下面将从三个方面阐述博物馆与文化企业合作创新的重要性和具体实践。

1.博物馆的藏品和专业知识可以成为文化企业创意设计和生产的宝贵资源。

博物馆的藏品和专业知识是博物馆核心竞争力的体现，同时也是文化产业创意设计的宝贵资源。博物馆收藏了大量具有历史、文化、艺术等方面价值的文物、书籍、档案等，这些都可以作为文化企业创意设计的重要素材。

文化企业通过与博物馆合作获取的专业知识，可以帮助其更好地了解和把握文化的精髓，更加深入地挖掘文化内涵和价值。例如，在产品的设计和制作过程中，利用博物馆收藏的藏品资源和专业知识，文化企业可以创造出更具有情感共鸣和文化内涵的作品。此外，博物馆还可以向文化企业提供相关技术支持和知识转移，帮助其提升专业水平和核心竞争力，使其在市场上具有更好的竞争优势。

通过与文化企业的合作，博物馆不仅能够为自身的藏品保护和文化传承做出贡献，同时也可以开拓新的文化产业合作领域，增强博物馆的社会影响力和商业价值。因此，博物馆的藏品和专业知识可以成为文化企业创意设计和生产的宝贵资源，有效促进文化产业以及博物馆的繁荣和发展。

2.博物馆还可以输出自身的服务能力，为文化企业提供行业咨询和技术支持服务。

这种服务有助于促进文化企业在市场上更好地拓展业务和提升竞争力，同时也为博物馆开拓新的合作领域和扩大社会影响力提供了契机。

在实际操作中，博物馆可以为文化企业提供不同形式的服务。例如，博物馆可以利用自身专业知识，帮助文化企业理解市场需求、把握文化脉搏和变革动向，从而帮助其更好地进行主题策划、文化营销和品牌推广等方面的工作。此外，博物馆还可以提供专业的行业咨询服务，为文化企业解决遇到的问题和困难，指导其发展方向和战略规划。

另外，博物馆还可以通过技术支持和知识转移，帮助文化企业提高产品设计和制作技能，提升其核心竞争力。例如，博物馆可以与文化企业合作开展人才培训和技术交流活动，引导其更好地掌握专业知识和技能。

3.博物馆与文化企业之间可以合作开展各类文化活动、展览和演出，促进文化交流和互鉴。

这种合作模式既有助于博物馆展示自身的文化资源和专业知识，也能够为文化企业提供新的发展机遇和商业价值。

在具体操作上，博物馆可以与文化企业合作，共同策划和组织相关文化活动和展览。例如，博物馆可以与文化企业合作举办主题展览，将博物馆的藏品纳入文化活动中去，从而向公众介绍博物馆所代表的文化内涵和价值观。此外，博物馆还可以与文化企业合作进行文化讲座、研究论坛等活动，以便更加深入地传递文化知识和概念，促进文化交流和互鉴。

除此之外，博物馆与文化企业还可以合作开展多种文化演出和艺术活动。例如，博物馆可以与文化企业合作邀请相关的文化名人或演艺团体前来展开演出和表演，让公众领略更多种类的艺术表现形式，也为文化企业拓展了更广阔的演出舞台和市场。

综上所述，博物馆与文化企业合作创新实践已经成为一种不可或缺的市场需求和文化趋势。通过合作，双方可以充分利用各自的资源优势和市场机遇，共同推进文化创新和发展，为公众带来更加丰富多彩的文化普及和服务，实现合作共赢的目标。

五、博物馆教育评估及研究机制

（一）博物馆教育评估方法

博物馆教育评估是指对博物馆教育活动进行系统性的评估和分析，以确定教育效果、弥补不足、改进措施、提高运作效率等。

以下是一些常见的博物馆教育评估方法。

1.问卷调查法

问卷调查法是博物馆教育评估中较为常见的一种方法，通过向参与教育活动的观众进行问卷调查，了解他们对教育项目的满意度、理解程度等情况，以此来评估教育活动的效果。

具体来说，博物馆在开展教育活动时，可以准备好针对该教育活动设计的问卷，并邀请参与者填写。问卷内容通常包括多个维度，如参与者的个人信息（如年龄、性别、教育程度等）、参观的展品和活动的知识点是否符合预期、提供的教育服务和支持是否到位、教育活动带来的文化价值和意义等。

收集到足够数量的问卷后，博物馆需对数据进行汇总和分析。通过问卷中的数据，博物馆能够得出各项指标的平均分数、方差、标准差等统计数据，以及参与者对教育活动的整体评价。根据这些数据反馈，博物馆可以判断哪些方面需要改进或加强，从而不断提高教育活动的质量和效果。

需要注意的是，问卷调查的质量很大程度上取决于问卷设计的质量。博物馆要结合实际情况，仔细考虑问卷中每个问题的设置和选项的设定，并尽可能保证问题和选项的清晰易懂、简洁明了。此外，还需要充分考虑参与者的意见和建议，不断优化问卷设计，从而提高问卷调查的有效性和可靠性。

2.观察法

观察法是博物馆教育评估中的一种常见方法，主要是通过引入专业的评估人员或独立观察小组对教育活动进行观察，并用多种方式收集数据，然后对教育活动的各个方面进行综合评价。

使用观察法进行博物馆教育评估通常需要以下步骤。

（1）设计评估方案。在设计评估方案时需明确目标、内容、参与者等相关要素，并说明观察人员的角色和任务。

（2）确定观察工具。根据博物馆教育活动的特点和具体情况，选择相应的观察工具。例如，录像、录音、笔记记录等。

（3）收集观察数据。评估人员按照预先设定的观察工具和评估方案进行观察，并通过记录、拍摄、录音等方式收集数据。

（4）数据分析。收集到足够数量的数据后，需要对数据进行分类整理、统计分析，得出有关教育活动的各项指标，如时间分配、内容丰富度、互动性、参与度等。

（5）综合评价。根据数据分析结果，评估人员对教育活动的各个方面进行综合评价，如教学效果、内容丰富度、互动性等。

使用观察法的优点在于能够直接观察教育活动的实际情况，了解参与者和博物馆工作人员之间的互动和反馈。这种方法的局限性在于，需要专业评估人员或独立观察小组投入较多的时间和资源，同时也易受观察者主观因素的影响。

3.测试法

测试法是博物馆教育评估的一种方法，主要是通过对参与教育活动的观众进行测试来判断他们对教育活动的学习成果，在测试结果的基础上进行评估。这种方法通常在具有明确学习目标和教育内容的教育活动中使用，如科普讲座、文化课程等。

测试法的使用步骤如下。

（1）设计测试内容。根据教育活动的总体目标以及具体的学习目标，设计测试的内容和形式，并制定相应的测试问题或题目。

（2）测试前培训。在测试之前，博物馆可以开展相关的培训会议，向参与者提供相关的测试指导和技巧，确保测试的公正性和可靠性。

（3）进行测试。在教育活动结束后，给参与者进行测试，并记录测试结果。

（4）数据统计和分析。将所有测试结果进行统计和分析，得出每个测试项的得分情况，用以反映参与者的学习成果和表现。

（5）结果解释。通过测试结果的分析，博物馆可以了解参与者在教育活动的学习效果、认知水平和理解程度等方面的表现情况，并据此对教育活动的设计和运作进行评估和改进。

需要注意的是，测试法对于教育活动的学习成果有明确的测量目的，但也存在着一定的局限性。例如，测试结果只能反映参与者在测试时的表现，不能直接反映他们在实际生活中获得的知识和经验。此外，在测试前应该充分考虑参与者的知识基础和背景，因为不同的参与者可能具有不同的认知水平和学习特点。

4.访谈法

访谈法是博物馆教育评估的一种方法，主要是在教育活动结束后，邀请相关观众参与访谈，以了解他们的实际体验，获取更加全面和细致的数据。

具体来说，博物馆可以邀请参与者进行个人或小组的访谈，询问他们对教育活动的感受、意见和建议，并通过记录、转录等方式收集数据。在访谈过程中，评估人员可以根据参与者的反馈，进一步探讨他们的态度、价值观念、知识水平等方面的问题，以获得更加深入和细致的信息。

使用访谈法的优点在于能够直接了解参与者的实际体验和感受，获取到一些不容易通过问卷调查等其他方法所获得的细节信息，帮助博物馆更加全面地理解参与者的需求和期望。此外，访谈法可以提供与参与者之间更加互动的交流过程，有助于增强双方之间的信任和合作。

但使用访谈法也需要注意其局限性，例如样本数量较少、结果受到参与者主观因素的影响等问题。同时，访谈人员的素质和能力对结果也有很大的影响，博物馆需要确保访谈人员具备相应的专业知识和技能，以便进行有效的访谈和数据收集工作。

5.财务分析法

财务分析法是博物馆教育评估的一种方法，主要是通过对教育项目产生的直接成本和间接成本进行分析，以了解教育项目的盈利能力和贡献度等相关情况。

博物馆在开展教育项目时，通常需要考虑到各类成本因素，如人员、场地、设备、材料、宣传等。因此，在评估教育活动的效果时，可以结合这些成本因素进行财务分析，以便更好地理解教育项目的商业价值和运营表现。

具体来说，博物馆可以采用以下步骤进行财务分析。

（1）收集成本数据。收集教育项目所产生的各类成本数据，并将其细分为直接成本和间接成本两部分。

（2）分配成本。根据具体项目，对直接成本和间接成本进行合理分配，以便准确反映教育活动的实际成本。

（3）计算毛利润。将教育项目所获得的收入与总成本进行比较，计算出相应的毛利润。

（4）分析贡献度。基于毛利润数据，进一步计算出教育项目的贡献度，以便评估教育活动的商业价值。

需要注意的是，财务分析法虽然能够从经济效益角度评估教育项目，但其结果仅限于反映教育项目的财务表现，并不能完全代表教育活动的实际效果和影响。因此，博物馆在使用财务分析法时还需结合其他评估方法，综合考虑教育项目的各个方面并得出准确的结论。

6.回顾法

回顾法是博物馆教育评估的一种方法，主要是对已经举行的教育活动进行回顾和总结，以便确定下一步的改进方向和提高教育效果。

具体来说，回顾法的操作步骤如下。

（1）回顾教育活动。对曾经举行的教育活动进行全面回顾，包括目标、设计、实施、评估等方面的内容。

（2）收集数据。根据教育活动的各个方面收集数据，如参与者反馈、访谈记录、测试结果、观察数据等。

（3）数据分析。对收集的数据进行整理和分析，以便发现活动中存在的问题和不足之处。

（4）评估成果。在综合分析的基础上，系统地评估教育活动的成果和效果，并给出相应的结论和建议。

（5）提出改进方案。综合考虑教育活动的优劣势，提出相应的改进方案，以便在今后的教育活动中更好地满足参与者的需求和期望。

使用回顾法的优点在于能够深入了解教育活动的实际情况，及时发现和解决问题。通过对已经举行的活动进行总结和回顾，有助于提高教育活动的质量和效率，同时也可以为今后博物馆的教育活动提供有益的借鉴和参考。

需要注意的是，回顾法虽然重要，但其结果很大程度上受限于资料的收集和分析质量。因此，为了达到更好的评估效果，博物馆需要在回顾法的实施上注重细节，并充分调动各方面的资源参与评估工作。

（二）博物馆教育研究机制

博物馆教育研究机制是指博物馆为了提高教育质量而建立的研究机构或组织，其主要目的是通过研究博物馆教育的理论、方法和实践等方面的问题，推动博物馆教育更加专业化、普及化和科学化的发展。

具体来说，博物馆教育研究机制包括以下几个方面。

1.研究机构

博物馆可以成立专门的教育研究机构，如博物馆教育研究中心、博物馆教育发展中心等。这些机构可以对博物馆教育进行深入研究和探讨，推广博物馆教育知识和技术，提高博物馆教育的专业水平。

这些研究机构通常由一批博物馆教育领域专家组成，负责开展各种研究项目和学术活动，主要职责包括但不限于以下几个方面。

（1）教育研究。开展博物馆教育的理论与方法研究，研究博物馆教育的发展趋势和未来方向，推动博物馆教育更加专业化和科学化的发展。

（2）课程设计。参与博物馆教育课程的设计和开发工作，制定合适的教学大纲和教材，为教育工作者提供相关的教学资源。

（3）培训服务。为博物馆教育工作者提供专业的培训和指导，加强他们的专业技能和实践经验，提高博物馆教育的质量和效果。

（4）学术交流。组织和参与各种学术研讨会、研究报告、论坛等活动，促进学术交流和分享，增强专业群体的凝聚力和影响力。

（5）国际合作。积极开展国际教育交流与合作，学习借鉴国际先进的博物馆教育经验和创新模式，推动中国博物馆教育的全球化进程。

通过建立专门的教育研究机构，博物馆可以不断提高自身的教育水平和竞争力，更好地满足社会公众对博物馆教育的需求和期望。同时，这些研究机构也有利于博物馆教育领域专家和教育工作者之间的沟通和合作，共同推动博物馆教育事业的健康发展。

2.研究团队

博物馆可以组建专门的研究团队，由专业人员和相关领域的专家组成。这些团队可以负责博物馆教育的研究和开发，为博物馆提供全方位的教育支持和服务。

研究团队通常由一些具备相关教育背景和专业技能的人员组成，主要职责包括但不限于以下几个方面。

（1）研究项目。组织和实施各种博物馆教育研究项目，如博物馆教育课程设计、教育评估、教育软硬件开发等，着力解决博物馆教育中存在的问题和难题。

（2）教学支持。为博物馆教育工作者提供教学支持和服务，如教学设计咨询、教学辅导、教学素材制作等，帮助教育工作者提高教学水平和实践能力。

（3）资源整合。整合教育资源和信息，建立协作机制和网络平台，为博物馆教育领域的专家和教育工作者提供全面的支持和服务。

（4）学术交流。参与和组织各类学术交流活动，如研讨会、论坛、报告等，促进行业内专家之间的学术交流和分享。

（5）成果推广。将团队研究成果应用到实际教学中，为博物馆教育工作者提供实用的教育方案和创新思路，促进博物馆教育事业的不断发展。

通过建立专门的研究团队，博物馆可以更加深入地了解博物馆教育的理论和实践，并能够为博物馆教育提供全方位的支持和服务。同时，这些团队也有助于博物馆教育领域的专家和教育工作者之间的交流和合作，促进博物馆教育质量的不断提高。

3.学术交流

博物馆可以组织或参与各种学术研讨会、论坛和培训班等活动，促进博物馆教育领域的学术交流和分享。这些活动可以为博物馆教育工作者提供更多的机会和渠道，了解先进的理论和实践经验，不断提高自身的专业水平。

具体来说，博物馆可以通过以下几种形式开展学术交流活动。

（1）学术研讨会。邀请国内外博物馆教育领域的专家和学者，就博物馆教育的前沿问题进行深入探讨和交流。研讨会通常分为主题报告和小组研讨两部分，既有宏观层面的讲座和分析，也有微观层面的案例分析和经验分享。

（2）论坛和展览。以某个具体的主题和课程为出发点，建立相应的展览和论坛平台，向公众传递相关知识和信息，引导公众对该主题的深入思考和探究。同时，博物馆教育工作者也可在此过程中进行学术交流和互动。

（3）培训班和讲座。为博物馆教育工作者、志愿者等人员提供相关的培训和教育，包括理论知识、实践技能和沟通能力等方面的内容。这些培训班和讲座不仅有助于提高教育工作者的专业水平，也有助于增强他们的团队凝聚力和自信心。

（4）学术期刊和论文集。博物馆可以出版相关的学术期刊和论文集，发表博物馆教育领域的研究成果和思考。这些出版物可以促进更广泛的学术交流和分享，加深对博物馆教育理论和实践的认识和掌握。

通过开展各种形式的学术交流活动，博物馆可以将博物馆教育理论和实践经验与公众分享，同时为教育工作者提供学习和交流的平台和机会，推动博物馆教育事业的创新和发展。

4.合作研究

博物馆可以与其他同行机构进行合作研究，开展博物馆教育的联合项目。通过合作研究，博物馆能够共享资源和信息，加速博物馆教育的发展步伐。

合作研究方式主要包括以下几种。

（1）联合课题研究。博物馆可以与高校或科研机构联合申请科研项目，针对博物馆教育研究的前沿问题展开深入探讨和研究。在这一过程中，博物馆可以借助高校或科研机构丰富的人才和资源，同时也可以将自身博物馆教育经验与学术界密切结合，推出更具实用性的研究成果。

（2）联合培训和交流。博物馆可以与其他同行机构联合组织各类培训班、研讨会等学术活动，为博物馆教育工作者提供更广泛的资源和交流平台。这样不仅有利于教育工作者之间的互动和合作，也能够促进博物馆教育领域内的知识共享和资源整合。

（3）联合开发和推广。博物馆可以与其他同行机构联合开发教育软硬件、展览设计等项目，将多方的资源和经验进行整合和优化。此外，还可以联手推广新的教育方式和理念，打造独具特色的博物馆教育品牌，提高博物馆教育在公众中的影响力和认可度。

通过与其他同行机构进行合作研究，博物馆可以利用更多的人才和资源，共同推进博物馆教育事业的发展。这种合作既能够促进各自实践经验、专业技能和思想理念的交流和碰撞，也能够为博物馆教育领域带来更多的创新思路和方法论。

（三）博物馆教育专业人才培养机制

博物馆教育专业人才的培养是博物馆教育研究机制中非常重要的一环。为了培养博物馆教育专业人才，需要建立起以下几个方面的机制。

1.专业人才培训

博物馆可以与高校或其他培训机构合作进行相关专业人才培训，建立博物馆教育相关专业的本科和研究生教育体系，培养更多的专业人才。

具体来说，建立专业人才培训机制应包括以下几个方面。

（1）课程设置。开设博物馆教育学、展览设计、文物保护修复等相关专业课程，培养人才所需的基础理论知识和实践技能。

（2）教师队伍建设。吸引博物馆教育领域的专家学者加入教学团队，建立具有一定规模和水平的师资力量。同时，还要加强师资队伍的教学能力和实践经验。

（3）实践教学。加强实践教学环节，通过举办展览、组织实地考察、参与文化遗产保护活动等方式将理论知识与实践相结合，提高学生的实际操作能力和创新意识。

（4）职业素质培养。在专业实践中着重培养学生的职业素质，包括沟通能力、领导能力、团队合作精神等方面，以及相关法律法规、伦理道德等职业素养的培养。

通过与高校或其他培训机构合作进行相关专业人才培训，博物馆可以培养更多的专业人才，提高博物馆教育领域的整体素质和水平。同时，博物馆还可以为学生提供实践机会，增强其知识和技能的应用能力，为博物馆事业的发展注入新鲜的血液。

2.基层骨干培养

在博物馆内部，可以为教育工作者设立基层骨干培训项目，加强基础知识和实践技能的培养，提高他们的教学水平和实践能力。通过定期的评估和评价，逐步提高其职业素质和办事能力。

具体来说，基层骨干培养机制应包括以下几个方面。

（1）培训计划。制定并实施基层骨干培训计划，为教育工作者提供相关的培训和教育，主要包括理论知识、实践技能和沟通能力等方面的内容。

（2）学习交流。建立学习交流制度，让教育工作者能够通过研讨会、报告会、论坛等形式交流学习心得和经验，并从中得到启发和提高。

（3）实践锻炼。通过实践活动，如调研、试点、实验等形式，提升教育工作者的实践能力和创新能力。还可以通过组织志愿者、实习生等方式，为年轻人提供在实践中成长的机会。

（4）职业素质提升。通过评估和评价机制，对教育工作者的职业素质、办事能力进行考核和提升，以进一步提高他们的工作水平和职业素养。

通过建立基层骨干培养机制，博物馆可以加强教育工作者的专业知识和实践技能的培训，提高他们的教学水平和实践能力，并逐步提高他们的职业素质和办事能力。这对于博物馆教育的长期发展来说非常重要。

3.实践锻炼机制

实践锻炼机制是博物馆教育专业人才培养机制中非常重要的一环。通过开展实践活动，如调研、试点、实验等形式，可以提升教育工作者的实践能力和创新能力。同时还可以通过组织志愿者、实习生等方式，为年轻人提供在实践中成长的机会。

具体来说，实践锻炼机制应包括以下几个方面。

（1）实践项目。博物馆可以根据自身的特色和需求，组织教育工作者参与相关的实践项目，如展览策划、活动策划、课程设计等，从而提升其实践能力和创新能力。

（2）调研和试点。博物馆可以联合其他同行机构进行调研和试点，寻找博物馆教育发展的最佳实践方法和策略。在这个过程中，教育工作者可以积累实践经验，不断探索和创新。

（3）志愿者和实习生。博物馆可以招募大学生志愿者或实习生，让他们参与到博物馆教育工作中来，为他们提供在实践中成长的机会。同时，还可以有效地补充博物馆教育工作者的队伍，增加博物馆教育事业的人才储备。

通过实践锻炼机制，博物馆可以提升教育工作者的实践能力和创新能力，让他们更好地适应博物馆教育的发展需要。同时，也可以为年轻人提供在实践中成长的机会，提高其职业素养和实际操作能力，培养更多的专业人才，为博物馆教育事业的可持续发展做出贡献。

4.先进经验交流

在博物馆教育专业人才培养机制中，先进经验交流是非常重要的一环。通过组织教育工作者参加学术交流、研讨会等活动，可以引导他们借鉴他人的先进经验，不断学习和提高自身的专业素养。这些活动还能够促进博物馆教育事业之间的合作与交流。

具体来说，先进经验交流应包括以下几个方面。

（1）学术交流。博物馆可以定期组织学术交流活动，邀请相关领域的专家学者进行演讲，分享最新的教育理论和实践经验。教育工作者可以从中汲取营养，获得启发和提升。

（2）研讨会。博物馆可以组织内部或外部的研讨会，让教育工作者有机会围绕特定的主题展开深入探讨和交流，分享经验和成果，并学习借鉴其他机构的先进做法。

（3）参观考察。博物馆可以组织参观考察活动，让教育工作者前往其他博物馆参观考察，了解其他机构的具体实践和案例，从而学习借鉴优秀的教育模式。

（4）合作交流。博物馆还可以与其他同行机构开展合作交流，通过联合开展活动、研究项目等方式，促进博物馆教育事业之间的合作与交流。

通过先进经验交流，博物馆可以引导教育工作者不断学习和提高自身的专业素质，同时也可以促进博物馆教育事业之间的合作与交流，推动博物馆教育事业的健康发展。

第六章　案例分析

第一节　综合类博物馆管理与教育案例分析

一、故宫博物院

故宫博物院是中国最大的古代文化艺术博物馆，拥有丰富的文物藏品和悠久的历史文化底蕴。作为一个重要的文化遗产，故宫博物院不仅在文物保护和展示方面注重管理，还承担着文化传承和教育普及的任务。

（一）管理方面

故宫博物院通过市场调查和数据分析等方式实现了对目标客户群体的精准定位，针对不同客户需求和特点开展了更有针对性的营销策略，以提高参观率和游客满意度。例如，在推广活动中，他们充分利用网络、社交媒体等数字平台，以互动、分享、优惠折扣等方式吸引年轻人群体；而在服务方面，故宫博物院则积极响应客户意见和反馈，并加强人才队伍建设和培训，为游客提供更好的服务。此外，他们还开发了多种智能化系统和 App，如语音导览、虚拟展厅等，让游客可以自主选择和定制自己的参观路线和内容，从而提高游客参与度和记忆深度。这些营销策略的成功实践，有助于提升故宫博物院的品牌价值和竞争力，同时也是诸多博物馆学习的好榜样。

故宫博物院在文化创新方面不断突破传统，注重通过数字技术、多媒体等手段，改变展陈方式和形式，增加文物互动性。例如，他们利用 3D 数字化技术，对故宫内部进行全面扫描和建模，实现虚拟参观，让观众可以"身临其境"地感受宫廷文化的辉煌与灿烂。此外，故宫博物院还借助先进的数字手段，将珍贵文物的图像、资料等内容呈现在大屏幕上，开发了 VR、AR 等互动设备，增加观众的参与度和记忆深度。通过这些文化创新的探索和实践，故宫博物院有效提升了文物的魅力和吸引力，让观众不仅欣赏到古代文物的美，更能够从中了解到文化内涵和历史背景，使得故宫文化在数字时代焕发出新的生命力。

故宫博物院积极开展国际合作和文化交流，不断提高国内外知名度和影响力，并向世界传递中华文化的魅力。他们与多个国家的博物馆、文化机构建立了友好合作关系，开展交流展览、讲座、学术研讨等活动，并在世界各地展示故宫博物院有代表性的藏品和文物。同时，故宫博物院积极参与各类文化活动和大型展会，扩大了国际影响力，赢得了海内外观众的高度评价和好评。这种跨越时空与国界的交流和合作，可以使国内外各方深入了解中国传统文化和艺术财富，促进了文化互鉴与人民友谊的发展。在未来的发展中，故宫博物院将继续加强国际间的资源共享和文化交流，打造更加具有全球影响力的品牌形象。

（二）教育方面

故宫博物院一直致力于推广多样性教育，通过开展各种有趣的活动，如寻宝游戏、亲子活动等，给参观者提供更多的参与体验和学习机会。这些活动不仅可以增加观众的参与度和体验感，也让参观者更好地了解故宫文化和历史内涵。比如，针对儿童和青少年，故宫博物院开展了一系列科普课程和互动体验活动，让年轻人能够在游戏和探索中了解艺术、设计、文化等方面的知识，并通过创意作品表达自己的想法和认识。同时，故宫博物院还专门为残障人士、老年人等特殊人群打造了量身定制的讲解服务，为他们提供更便捷的参观服务和沟通交流的渠道。所有这些举措都是故宫博物院多样性教育的一个重要组成部分，增强了故宫博物院的社会责任感和公益性，让更多人了解和喜爱中国的传统文化。

故宫博物馆精心打造了一批电视节目和短视频来宣传故宫文物，通过这些多媒体方式传播文化知识，吸引更多年轻人的关注和参与。比如，《故宫讲坛》《梦回故宫》等电视节目深入挖掘故宫文化及历史文化背景，让观众更好地了解故宫文物的历史渊源、韵味和价值；而通过短视频平台，故宫博物馆则开展了趣味性十足的活动，如"翻转故宫""故事故宫"等，以轻松幽默的方式向大众展现故宫的神秘之处，提高公众对故宫博物馆的认知度和兴趣度。所有这些创新的节目形式，不仅加深了观众对故宫文物和文化的理解和认识，也为博物馆发展提供了新的思路和方向。同时，这种多样化的传播方式还可以吸引更多青年人群的关注和参与，提升故宫文化的影响力和传承价值。

故宫博物院倡导并参与文化公益事业，通过志愿者服务、社区活动等方式，将文化艺术普及到基层社区，提高文化素养和美育水平。他们积极推广文化惠民政策，开展各种公益活动，如文化进万家、进校园、进社区等，为更多人带去文化及艺术的魅力。同时，故宫博物院还成立了"故宫公益基金会"，用于支持故宫文化的保护、研究、传承等公益项目，以推动中华文化的传承和发展。这些举措不仅提升了故宫博物院在国内的声誉和影响力，也向全社会传递出一种弘扬文化、回馈社会的正能量。在未来，故宫博物院将继续深入推进文化事业，加强与社会各界的合作，通过文化艺术的普及和传承，促进社会和谐发展和民族精神文明建设。

（三）总结

故宫博物院在管理和教育方面均采用了很多创新举措，通过信息技术与文化融合、品牌营销等手段，成功实现了博物馆推广和文化传承，同时也为其他类似机构提供了可借鉴的运营模式。

二、国家博物馆

国家博物馆是中国最高级别的国家级博物馆，位于北京市中心的东长安街。作为全国性的博物馆，它不仅承载着丰富的文物资源，还担负着传承和弘扬中华文化的重要任务。

（一）管理方面

国家博物馆注重数字化建设，不仅为文物保护提供了更加高效、科学的手段，也使展览品质和用户体验有了显著提升。利用数字技术建立文物档案和信息数据库，对珍贵文物进行虚拟保护和数字化复制，大大降低了文物保护过程中的风险和损失。同时，国家博物馆在展览策划和设计中积极应用数字技术和多媒体手段，如3D展示、VR互动、语音导览等，以丰富多彩的方式向观众呈现文物的历史和价值，提高观众参与度和沉浸感。除此之外，国家博物馆还积极发展数字博物馆，将线上展览与线下展览无缝对接，打造了一个集文物收藏、展览、教育、研究、互动于一体的全新平台。这些举措的实施为国家博物馆带来了更广泛的知名度和声誉，同时也为其他博物馆的数字化转型和发展提供了一个良好的借鉴和参考。

国家博物馆积极加大服务力度，采取多项措施提高游客参观体验和服务质量。其中最为常见的是在线订票，这项便民举措可以让游客在不到场的情况下就能预订门票，大大减少了排队等候时间，提升了游览效率。此外，国家博物馆还开展了智能引导服务，通过全息投影、语音导览、虚拟实景等多种技术手段，向游客提供更加直观、个性化的参观体验，增加了参观的乐趣性和互动性。在博物馆内部，国家博物馆还专门成立了志愿者服务团队，为游客提供免费的文物解说和咨询服务，进一步提高了游客的参观质量和满意度。所有这些举措都使得国家博物馆在服务质量方面处于国际领先地位，并得到了游客和社会各界的高度评价和赞扬。未来，国家博物馆将继续加强服务建设和创新，努力为游客带来更好的参观体验和感受。

国家博物馆利用各种渠道向社会传播文化知识，不仅推出了丰富的线上和线下办学教育项目，还通过大量的展览、讲座、公益活动等方式，将文化艺术进一步推广到校园、社区和基层服务中心。建立公共文化服务平台，可以更好地满足广大群众的文化需求，并推动文化艺术事业的深入发展。

首先，公共文化服务平台应该以人为本，充分考虑群体需求，针对不同年龄、性别、职业、兴趣爱好等制定多样化的文化服务项目。其次，在技术方面，公共文化服务平台应该充分利用先进的数字技术手段，提高信息交流和文化传播效率。最后，我们建议建立多方合作的机制，包括与政府、企业、非营利组织等合作，共同推进公共文化服务平台的建设和发展。

（二）教育方面

国家博物馆通过与学校和社区合作，创新了教育模式，从而让更多的人有机会接触到博物馆文化。其中，送文物下乡是国家博物馆重要的教育活动之一。通过这个活动，国家博物馆将展览品带到农村和偏远地区，让当地居民有机会近距离观看国家级文物，深入了解中国历史文化，并且开展互动性强的参观活动，培养大众对文物的喜爱和保护意识。此外，国家博物馆还不断探索文物进校园的新领域，通过开展主题展览、主题教育等多种形式，让学生在学校中接触到更多的文物知识，提高他们的文化素养和审美能力。这些创新的教育模式得到了广泛的推崇和赞誉，同时也带给了更多人全新的学习体验和认知体验，为中华文化的传承和发展注入了新的活力和动力。

国家博物馆注重文化传承，在保护文物的同时，通过各种形式的文化宣传活动，提高公众对文化遗产的认识和理解。为实现这一目标，国家博物馆充分利用了自身丰富的文物资源和专业力量，开展了多种形式的文化普及活动。

首先，国家博物馆不断强化对文化遗产的收藏、研究和保护工作。他们建立了先进的文物档案系统，并积极开展文物修复、数字化复制等工作，保障文物在历史维度上的连贯性和完整性。其次，国家博物馆积极开展各种文化普及活动，向公众推广文化知识。例如，通过各种展览、讲座、课程等方式，普及中国古代文化、艺术、历史等方面的知识。最后，国家博物馆还致力于推广中华优秀传统文化，开展国际文化交流合作活动，向国际社会展示中华文化之美。

国家博物馆加强国际交流与合作，不断借鉴国际先进经验，吸收优秀文化元素，推出更具国际影响力的文化产品，提高中华文化在世界范围内的影响力。为实现这一目标，国家博物馆采取了多项措施。

首先，国家博物馆积极参加国际性的文化展览和学术交流活动，将中华文化向全世界推广。国家博物馆与多个国家的博物馆和文化机构建立了合作关系，互相交流，借鉴彼此优秀的文化元素。

其次，国家博物馆积极组织出境展览，向国际社会展现中华文化之美。通过运用创新技术手段和现代化展示手法，呈现更加生动、直观的文物展览，使得国家博物馆的展览更加具有国际影响力。

最后，国家博物馆积极推动文化产品与创意产业的结合，打造更多具有国际竞争力的文化产品。例如，国家博物馆授权企业开发文化创意产品，如纪念品、工艺品、文化游戏等，向全球市场推广中华文化。

（三）总结

国家博物馆在管理和教育方面采取了大量的创新措施，以数字化建设和服务优化为核心，实现了高效、便捷的博物馆服务。同时，它不断创新教育方式，推动文化传承和外部文化交流，成为丰富人民精神文化生活的重要场所。

三、英国大英博物馆

英国大英博物馆是全球知名的综合类博物馆之一，收藏品丰富多彩，包括了从古埃及文物到佛像、西方绘画、中国陶瓷以及非洲文物等。该馆在管理和教育方面有着优秀的表现。

（一）管理方面

英国大英博物馆是一座历史悠久的博物馆，长期以来一直致力于不断引进先进技术和管理理念，提高游客的参观体验和运营效率。其中，引入人脸识别系统、智能导览等科技手段，可以更好地为游客提供便捷的服务。例如，人脸识别系统可以快速核对游客身份信息，快速实现身份认证和门票购买，节约了游客排队时间和劳动力成本。另外，智能导览系统则能够准确快速地帮助游客找到自己想要看的展品，增强了他们的参观体验。

此外，在环保和可持续发展方面，英国大英博物馆也践行着社会责任和可持续经营的理念，采取了多种措施来推进水电节约、废弃物处理和环境保护等工作。在能源利用方面，该馆大规模使用太阳能和地热能源，同时进行废弃物再利用和回收利用等工作。这些举措既为博物馆带来了经济效益，又有助于减少环境影响，是可持续运营的重要一步。

（二）教育方面

英国大英博物馆在教育方面积极推行了不同形式的展览和课程，为公众提供了丰富的文化和历史知识。为了更好地满足参观者的需求，该馆设立专门的学习中心，为不同年龄段的参观者提供参观路线、课程和活动等帮助，为他们深入探究各种文化和历史背景提供便利。此外，博物馆还开设了多种针对青少年和学生的教育活动，如亲子游、专题推介和讲座等，帮助他们了解文化差异、多样性及全球共存等课题。这些活动将文化知识与实践相结合，引导年轻一代更好地认识和融入世界文化。

除此之外，英国大英博物馆还建立了自己的在线学习平台，提供了免费的学习资源和视频，让学生能够随时随地获取博物馆的各类资料和信息。通过这些资源，公众可以深入了解不同文化的发展历史、艺术特色以及文化交流的重要性。此外，该馆还通过社交媒体平台、网络直播等方式，让更多的参观者能够在线参加课程和活动，并与其他人分享自己的观点和感受。这样的服务为全球公众提供了便捷渠道，促进了文化交流和共同发展。

　　总之，英国大英博物馆在管理和教育方面都有着优秀的表现。他们引领先进科技和理念，注重环保和可持续发展，为游客提供便利和高质量的参观体验。同时，他们致力于传递多样的文化和历史知识，通过不同形式的教育活动和课程，帮助更多人了解和欣赏世界各地的文化和艺术成果，培养全球文化交流和多元共存的意识。

第二节　自然类博物馆管理与教育案例分析

一、中国科学院昆明动物研究所博物馆

　　中国科学院昆明动物研究所博物馆是中国著名的自然类博物馆之一，成立于 1987 年。作为国内最大的动物标本馆，该博物馆拥有数万件珍贵的动物标本，包括哺乳动物、鸟类、爬行动物、两栖动物等各种不同类别的标本。同时，该博物馆也集科技、教育和观赏于一体，致力于展现生物多样性和环境保护意识，为公众提供了一个了解自然界和探索科学奥秘的平台。

　　（一）管理方面

　　昆明动物研究所博物馆的数字化技术应用为管理工作带来了更高效和准确的保障。他们充分利用先进的数字设备和软件，将展品以及参观者信息统一管理起来，实现了从数字到现实的完美转换。同时，该博物馆与国外博物馆合作共享数据资源，打造了一个全球性的信息交流平台。这不仅加强了博物馆之间的联系和合作，还提高了博物馆的影响力和知名度。

　　此外，昆明动物研究所博物馆建立了严格的展品检查制度，定期对展品进行体检和修复，确保展品的保存和展示质量。同时，在游客安全方面，该博物馆采取了多项措施，包括整合安全措施到游客信息发布平台中，加强巡检和监控系统，确保参观者的安全和舒适。

（二）教育方面

昆明动物研究所博物馆是一个重要的科普平台，为广大游客提供了多种主题的教育活动。他们不仅开设小型讲座和开放实验室等传统形式的科普活动，还在数字化技术的帮助下推出虚拟展览和在线视频课程。

此外，昆明动物研究所博物馆认识到与社会组织和学校合作对于科普事业的推进尤为关键，因此积极开展公益活动，如空中课堂、科普展览巡回等，深入社区和学校，向更广泛的受众普及动物科学知识，并且鼓励大家参与到生态保护这一重要事业中来。

这些教育活动不仅激发了公众的探索精神和学习兴趣，还有利于增强公众对自然环境和生态系统的理解及保护意愿。并且，通过与其他机构的合作，该博物馆还为国内外学生提供了实习和交流机会，培养了更多的科学工作者和环保人士，更好地推广和传承动物科学和生态文明。

此外，昆明动物研究所博物馆也希望通过引入新技术、创新展示方式推进博物馆的发展。如在一些展厅内，采用了虚拟现实技术，仿真出古代恐龙和其他生物的场景，游客可以身临其境地感受到不同时间和空间下生物界的壮丽景象。同时，他们也利用新兴的科技手段，增强了博物馆的互动性和参与性，吸引了越来越多的人关注自然科学和环保事业。

总之，在数字化、科技化的时代背景下，昆明动物研究所博物馆能够充分利用现代化手段，为大众提供全方位的展览和教育服务，展现生物多样性和环保意识，为国内文化事业、自然科学研究和环保事业的发展做出了重要贡献。在未来，昆明动物研究所博物馆将继续致力于纵深推进文化建设、促进科技创新与社会进步、提升人民群众的文化素质和科普意识，为实现中华民族的伟大复兴做出更多的贡献。

二、美国史密森尼学会博物馆

作为世界著名的自然类博物馆，美国史密森尼学会博物馆集研究、教育和展示于一体，以其丰富的历史文物和生态资源，向公众展现了生命的多样性和地球对人类生存的重要性。该博物馆在管理和教育方面有着许多值得称道的创新和实践，对博物馆发展和科普事业推广都起到了积极的促进作用。

在数字化技术方面，史密森尼学会博物馆是行业内的先锋之一。他们将最新的数字技术应用到博物馆内部的管理和展示中，为游客提供更高效、更直观的参观体验。

史密森尼学会博物馆采用了各种数码设备，并建立了先进的信息系统，以便实现数据共享和联系。通过数字化的手段，博物馆可以更好地管理丰富的历史文物和生态资源，使其能够及时保护和利用。同时，这种数字化平台也有助于实现更好的信息沟通和互动，增强了博物馆的凝聚力和学术交流的氛围。

此外，史密森尼学会博物馆还大力推进数字化展示，并应用了 3D 打印等技术手段对展品进行复制和重现。这种方法既保护了贵重文物和资源，也方便了游客的参观和了解。同时，该博物馆还采用分类展示的方式，将展品按照生物学科目分类展示，使游客能够更加直观地了解动植物及其生态系统，提高参观的效率和良好印象。这些数字化展示手段不仅保护了文物和资源，也提高了展示效率和人气。

史密森尼学会博物馆在教育方面也有着丰富的经验和创新。他们不仅通过各级别的研究计划，培养了一批批专业人才，还推出了多种教育项目，为大众提供了深入了解科学、自然和文化的机会。

其中，史密森尼学会博物馆开设了儿童科学课程、专题讲座和固定展览等多种形式的教育项目，针对不同年龄段、不同兴趣爱好的人群进行科学普及和知识传授，帮助大众更好地了解自然的奥秘和文化的魅力。同时，该博物馆也在不断思考新型教育方式，如"悬浮教室"项目将专家带到各地区参与与大众的互动，以电视屏幕作为桥梁向公众传达科学知识，并提供深入了解自然之谜的机会。这样的教育活动，在真正帮助公众提高科学素养的同时，也促进了社会的理性化和科学化。

总之，史密森尼学会博物馆的管理和教育方案是非常成功的。他们充分利用数字化技术帮助博物馆管理和维护，同时将多种形式的科普服务带给公众，靠此不断拓展了自己的影响力和知名度。这些创新和实践都值得其他同类博物馆借鉴和学习，以便更好地满足公众需求，加强教育推广，更好地推进科学事业，保护自然环境和文化遗产。

三、新加坡圣淘沙名胜世界内的海洋馆

新加坡圣淘沙名胜世界内的海洋馆是一家备受赞誉的现代化自然类博物馆，它在管理和教育方面都有着丰富的经验和创新。

海洋馆在管理方面的优秀表现不仅体现在其先进的设计技术和绿色建筑技术之上，还体现在其全面的生态系统重建和废水回收利用等方面。

首先，海洋馆采用了透明隔板进行分区管理，使珊瑚礁、海洋生物群落和濒危物种能够集中展示。这样不仅方便游客观察，也为这些动植物提供了一个良好的生存环境。

其次，在水循环系统方面，海洋馆采取了先进的设计和技术手段，实现了废水回收和资源再利用。海洋馆采用专门的水循环管道，将水源分为多个流程，每个流程都在经过特别处理后分别回收使用。随着对水质的不断监测，该水循环系统可以保证水质的高质量，不但减少了资源的浪费，而且也促进了环保。

最后，海洋馆还倡导"生命线"项目，向公众普及海洋保护知识，增强公众的环保意识和责任感。他们通过科普宣传、互动游戏和各项教育活动，向公众介绍海洋生态系统及其濒危动植物的状况，培养大众环境保护意识和责任感。

（一）教育方面

海洋馆的互动参观项目及各种课程和活动都非常丰富多彩，并为不同年龄段的人群提供了多样化的教育服务。

首先，他们拥有多项互动参观项目，如体验深海潜水、观察珊瑚礁生物等。这些项目让游客更加深入地了解海洋生态系统，并且感受到人类与自然的融合。游客可以通过这些参观项目去亲身体验海洋里的美妙世界，加深对环保和自然保护的认识和理解。

其次，海洋馆针对儿童和家庭开办了各种课程和活动。例如，"小小海洋保护家"计划旨在通过大量互动体验和知识普及来培养孩子的环保意识。这个计划通过一系列的教育活动，如环保工作坊、实地参观、科技展示等，引导孩子们了解自然环境的重要性，学习保护环境的方法以及参与环保行动的重要性。此外，海洋馆还推出了其他一系列适合不同年龄段人群的教育项目，如珊瑚礁科普讲座、环保义工招募等，为公众提供了深入了解和参与海洋保护的机会。

　　总之，在管理和教育方面，新加坡圣淘沙名胜世界内的海洋馆都取得了很大的成就。它充分利用数字技术和绿色建筑技术，通过科技手段重建海洋生态系统，并为游客提供了丰富多彩的教育和参观体验。在文化遗产和自然资源的保护方面，它秉承着推动环保事业、提高公众意识和创新展示方式的理念，不仅为本地区的游客和居民服务，而且还吸引了来自世界各地的游客前来参观和学习。可以说，它是一家极具创新和实践能力的博物馆，为全球的文化和自然保护事业做出了积极的贡献。

第三节　科技类博物馆管理与教育案例分析

一、上海科技馆

　　上海科技馆是一家集观赏性、互动性和科普性于一体的大型科技博物馆。作为国内知名的科普场馆之一，它不仅提供科学知识传播，还涵盖了科技展示、科学探究活动、娱乐休闲等多种形式。

　　（一）管理方面

　　上海科技馆为了提高服务质量，不断开展各种优化措施。在展览设计方面，它注重细节和趣味性，以便让观众能够更好地理解和参与。加强互动和参与性对于博物馆来说也是必不可少的，因此上海科技馆积极引进互动设备，如 VR、AR 等先进设备，从而使观众能够用更多的方式去感受展品。同时，在服务质量方面，上海科技馆针对不同客户需求开展差异化服务，如为老人、儿童等特殊群体提供定制化服务。这些措施的实施有助于提高游客满意度和口碑，同时也增加了上海科技馆的社会影响力和知名度。

　　上海科技馆在营销方面一直积极创新，采用全渠道、全媒体、多元化的策略来吸引更多的受众。它充分利用互联网和数字化手段，通过建立官方网站、微信公众号等线上平台，为观众提供便利的查询、购票等服务，打破了时间和空间的限制。除此之外，上海科技馆还通过情景联合营销、主题推广等活动，实现文化、娱乐和商业的融合，增加了博物馆的社会影响力和知名度。这些创新营销策略的成功实践，不仅有助于吸引更多的游客参观，也提高了上海科技馆的品牌价值和市场竞争力。

上海科技馆注重人才培养，不断加强专业素质和职业能力的发展，保证员工在工作中能够更好地服务观众。为此，它建立了完善的员工培训体系，每年组织各种形式的培训、考核等活动，包括内部讲座、外出培训、研究学习等，以确保员工更新知识、提高技能水平。同时，上海科技馆还积极与高校、科研机构等开展合作，吸引优秀人才加入博物馆工作团队。这些措施有助于提高员工整体素质、创新能力和服务水平，进而提升博物馆的管理和服务品质。在未来的发展中，上海科技馆将继续注重人才培养和引进，不断推进人才队伍建设，为观众提供更好的服务。

（二）教育方面

上海科技馆一直致力于推广科普教育，开展了多样化的教育活动。其中，如科技夏校、儿童科学剧场等更具创意的活动方案，富有趣味性和互动性，吸引了大量孩子和少年参与到科学文化的学习和探索中来。这些活动以有趣、互动、有益为特点，旨在提高年轻观众对科学的热爱和认识，同时也对增加青少年的知识储备、激发好奇心和创造力起到积极作用。此外，上海科技馆还针对不同观众需求，打造了许多主题化的展览和科普活动，如针对老年人、残障人士、外籍人士等人群开设特别的讲座、体验式学习活动等。所有这些活动均为社会各界提供了参观、学习和交流的平台，是上海科技馆教育工作的重要组成部分。

上海科技馆注重挖掘本地文化资源，结合城市文化元素打造主题展览，使科技与文化相融合。为此，他们在展品设计上注重突出本土特色，将传统文化元素与现代科技相结合，深度挖掘当地历史、人文、自然资源等丰富文化内涵。例如，"科技与城市生活""上海名人"等主题展览都以上海为背景，通过场景还原和多媒体互动等方式，让观众更好地感受到浓厚的地方特色和文化底蕴。这样的做法不仅有助于推广上海本地文化，也提高了观众的参与性和体验性，增强了对博物馆的认同感和归属感。上海科技馆未来将继续挖掘本土文化资源，打造更具影响力的主题展览，不断提升博物馆的文化价值和知名度。

上海科技馆建立了社区服务体系，通过在社区内设立科技宣传站点和服务窗口，为市民提供科技普及、咨询以及其他科普服务等，将博物馆的科学研究成果和科普知识推广至社区居民之中。同时，他们利用先进的数字科技手段，将相关资源转移至线上平台，开展网络科普活动，让更多人能够了解到科技方面的最新信息和知识。这种方式不仅缩短了博物馆与公众之间的距离，也提高了居民的参与度和获得感。通过这些服务，上海科技馆促进了科技文化的普及，加强了与社区之间的联系，同时也扩大了博物馆的社会影响力和知名度。

（三）总结

上海科技馆在管理和教育方面采用了许多创新举措，不断提升服务质量和用户体验，同时加强人才培养和本土特色展示。其成功经验可以借鉴和应用于其他综合类博物馆的管理和教育工作当中。

二、英国科学博物馆

英国科学博物馆是全球知名的综合性科技博物馆之一，收藏品丰富多彩，包括了天文学、物理学、化学到生物学、地质学等各个领域。该馆在管理和教育方面有着出色的表现。

（一）管理方面

英国科学博物馆一直注重引进最新的科技手段和绿色环保技术，提高游客参观体验，并努力落实可持续发展理念。其中，无现金支付、电子门票预订和智能导览等措施，使游客可以更加便捷地购买门票、缩短排队时间和更准确地定位目标点，通过数字化服务提高了游客参观体验的质量。

在环保与可持续发展方面，英国科学博物馆采取了多项措施。例如，在建设过程中，该馆注重使用绿色技术，如安装太阳能热水器和节能灯具等。此外，该馆还大力推广废物回收和资源利用制度，从意识上唤醒游客参观时对环境的关注，从而减少环保问题带来的影响。此外，该馆也关注全球气候变化和环境问题，开展相关的教育活动和社区项目，向公众宣传可持续发展的理念和行动，促进环境保护与生态文明的不断提升。

这些管理和教育措施都有效地提高了英国科学博物馆的影响力和知名度。它不断引进新风貌、追求环境保护与可持续发展，使得游客从中获益，也为其他博物馆的管理与教育提供了实际参考和借鉴。

（二）教育方面

英国科学博物馆在教育方面开展了丰富多彩的活动，以传播科技知识和提高公众的科学素养为目标。馆内设有多个专门的学习场所，如"展览解说站""互动工作坊"等，为参观者提供了多种科学教育体验。此外，该馆还推出了定制化的校园计划，包括企鹅科学、少年天文学家等项目，覆盖多个年龄阶段和科学领域，为学生们提供了与科学家打交道的机会。

特别是针对青少年和学生，英国科学博物馆的"企鹅科学"计划是一个非常成功的科普教育项目。该项目为各个年龄段的孩子提供了不同的科技教育活动，涵盖天文、物理、化学、数学等多个领域。例如，"小探索家"活动，让3～5岁的孩子在游戏、实验和故事中学习科学知识；而"科学童话"的讲座，则为儿童带来了奇妙的科学冒险之旅。

此外，英国科学博物馆还与多个高校和研究机构合作开展科技教育项目，向大学生和专业人士提供更深入的科学知识和实践经验，促进科技发展和社会进步。

总之，英国科学博物馆在管理与教育方面的表现都非常出色。它采用最新的技术手段提高游客参观体验，注重环境保护和可持续发展，同时加强线上教育服务，向公众提供更加丰富多样的科技知识。这也是其他博物馆可以借鉴的先进经验。

第四节　非国有博物馆管理与教育案例分析

一、黄升松纪念馆

黄升松纪念馆是一座私人博物馆，位于江苏省镇江市，主要讲述了黄升松先生的故事和抗日战争的历史。以下是其在管理和教育方面的案例分析。

（一）资金营收

作为一家私人博物馆，资金和营收是维持运营的重要支撑。黄升松纪念馆采用多种方式获得资金，如票务和商品销售、社会捐赠等方式。同时，该馆还积极申请各类文化项目和补贴，加强与其他机构的合作，实现了财务上的稳健发展。

（二）创新陈列

黄升松纪念馆依托多媒体技术和实景再现技术，在展示手稿、图片、文物等历史文献的基础上，增加了立体化、互动化的展示方式。例如，游客可以通过触摸屏幕，听到黄升松先生的讲话或者了解当时的历史背景。这样的陈列方式提高了游客的参与感和学习效果，提升了博物馆的知名度和影响力。

（三）社区参与

黄升松纪念馆注重与社区和当地学校的交流和合作，通过举办各种教育活动、展览等形式，将历史文化知识传递给更广泛的受众。例如，该馆开展了青少年科普活动、艺术展览等教育项目，提高了公众对民族精神和爱国主义的认识，并加强了博物馆与社会之间的联系和互动。

二、北高碑村博物馆

北高碑村博物馆是一座以中国传统文化为主题的私人博物馆，位于北京市房山区北高碑村。以下是该馆在管理和教育方面的案例分析。

（一）创新陈列

北高碑村博物馆通过精美陈列、多媒体展示等方式，向观众展示了丰富的中国传统文化艺术品。该馆也采用了创新的互动形式，如让游客亲自参与制作陶瓷制品、体验书法绘画等。这种互动式的陈列方式大大提高了游客的参与感和学习效果。

（二）多元化教育项目

该馆开展了各种形式的教育项目，如艺术家讲座、书法班、书法比赛等，为游客和当地居民提供了更广泛、深入的文化和艺术学习机会。这些教育项目不仅有助于公众更好地了解中国传统文化，也有助于培养新的文化艺术人才。

（三）社区合作

北高碑村博物馆注重与社区和当地学校之间的联系和互动，在营销和宣传方面也有很好的合作。例如，该馆与当地中小学校合作举办了书法大赛和文化素质教育讲座等活动，深入推广中国传统文化，并加强了博物馆与社会之间的联系。

第七章　结论与展望

第一节　结论总结

随着文化建设的深入发展，博物馆作为文化传承载体和教育普及机构，也面临新时代下的挑战和机遇。以下是对新时代下博物馆管理与教育的研究总结。

一、博物馆管理方面

（一）国际合作

在新时代下，博物馆管理方面的国际合作至关重要。以下是一些具体的思路和措施。

（1）加强博物馆与国际组织之间的联系。通过与国际组织的交流合作，博物馆可以学到其他国家或地区的博物馆在管理和运营方面的先进经验，并吸收适合自己的部分进行引进。

（2）参观和交流。博物馆可以组织自身工作人员参加国际性的培训和研修班，也可邀请国外专家来博物馆进行访问、交流和指导。这些活动有利于拓展博物馆的国际视野，使其不断更新管理理念和技术手段。

（3）与海外机构合作举办展览。博物馆可以与海外机构合作策划展览，将中国文化带到世界舞台上，同时也可以借此机会推动国外文物和艺术品在中国的展出。

（4）推广网络技术。现代互联网技术已经打通了全球，博物馆可以借助网络平台在国际范围内宣传和推广自身所展示的文化艺术品和专业知识。同时也可以通过网络与国外同行进行交流和合作，促进博物馆管理和展览方面的新思想和新技术的引进和推广。

（二）创新陈列方式

在新时代下，博物馆陈列方式的创新与更新是十分必要的。以下是一些具体思路和措施。

（1）多元化陈列方式。博物馆可以采用多种陈列手段，例如数字化呈现、虚拟实景等方式来呈现文物或艺术品，使展览更加立体、生动，增强游客的观赏性与互动性。

（2）专题式陈列。博物馆可以根据不同的文物或者同一主题的文物进行专题式的陈列，并通过图文结合的方式，向游客详细讲解文物的历史背景、文化内涵、工艺技术等内容。

（3）互动式陈列。博物馆可以通过模拟体验、拍照留念等方式，为游客打造一个更加互动式的陈列环境，让游客参与其中，与文物艺术品亲密接触，进一步深入了解文化知识。

（4）创造趣味。博物馆可以将文物、艺术品融入到趣味化的场景之中，塑造有趣的人物形象，营造轻松愉悦的氛围。例如借助儿童动画、游戏等元素，创造寓教于乐的陈列形式。

综上所述，博物馆应当采取多种陈列方式，适应不同年龄、文化背景、兴趣爱好的参观者。通过立体化、互动化和趣味化，让游客在愉悦、轻松的氛围中更好地了解并感受文化艺术品，增强公众的文化认知和理解能力。

（三）多样化教育项目

在新时代下，博物馆应该开展多样化的教育项目，以满足不同年龄、不同层次的人群需求。以下是一些具体思路和措施。

（1）夏令营。夏令营是针对学生而设计的一种教育活动，通过组织参观、讲座、体验等方式，帮助学生在愉悦的氛围中更好地了解文化知识。此外，还可开展文物修护工作坊、制作手工艺品等活动，促进学生创造力的发挥。

（2）讲座与学术研究。博物馆可以邀请专家学者进行讲座，在专业领域内深入探讨文物背后的历史和文化意义，增强公众对文物的认知和理解能力，并提高博物馆的学术水平。

（3）亲子活动。通过组织亲子参观、游戏等活动，博物馆可以吸引家庭关注文化艺术品，加深家长对孩子文化素质的重视，并为家长提供指导性的教育经验，从而传承文化艺术知识。

（4）社区教育。博物馆可以派遣志愿者进社区开展文化教育活动，向社区居民传授文物知识，增强社区居民的公共文化素养，并将博物馆服务对象由狭窄的专业领域扩大到更广泛的社会范围。

综上所述，博物馆应该针对不同需求群体而开展多元化的教育项目，加强对文化艺术知识的普及和传播。通过夏令营、讲座、亲子活动等方式，让公众在轻松愉悦的氛围中更好地了解文化背景和文物秘密，在传承文化的同时，也提高了博物馆的影响力和社会价值。

二、博物馆教育方面

（一）推广数字化教育

在新时代下，数字化教育已成为博物馆文化创新和教育推广的重要手段。以下是一些具体思路和措施。

（1）互动智能展示。博物馆可以运用数字技术打造互动式智能展示系统，通过虚拟现实、增强现实等技术，使观众获得更深层次的体验感和形象感知，提高文物艺术品的展示效果，以便引起年轻人的兴趣。

（2）数字化学习资源。博物馆可以将文物艺术品做成数字化资源，并免费提供给公众，使学生可以在家中学习博物馆的相关知识，从而培养他们对文化艺术品的兴趣和认知能力。

（3）在线教育活动。博物馆可以通过网络平台组织在线讲座、问答、直播等多样化内容的在线交流，扩大博物馆教育的受众范围，促进与公众的互动和信息共享，提升博物馆的社会影响力。

（4）文化衍生品的数字化营销。博物馆可以将文化衍生品做成数字化的形式，通过互联网销售和推广，并结合线上游戏等互动体验设计，让公众在享受互动乐趣的同时，进一步提高他们的文化素养和艺术水平，实现线上与线下互动。

综上所述，数字化教育是博物馆文化创新和教育推广的必要手段之一，有利于扩展博物馆的受众群体，增强公众对文化知识的学习兴趣，同时也可以加强博物馆自身的影响力和品牌价值。

（二）加强社区合作

在新时代下，博物馆应加强与本地区域学校、文化机构等的合作，以实现更好的文化教育和服务。以下是一些具体思路和措施。

（1）与学校合作。博物馆可以与当地学校合作，开展学校博物馆教育计划，推动博物馆文化知识的普及和传承。在活动组织上，可以邀请学生到博物馆参观、举办讲座、开展文艺活动等，以增强学生的文化素养。

（2）与社区中心合作。博物馆可以加强与社区中心的联系，推出适合社区居民的文化艺术课程，并邀请专家学者进行授课，以提高社区居民的文化素质，促进社区业余文化建设。

（3）与文化机构合作。博物馆可以与本地文化机构合作，共同策划文化艺术活动，交流经验和资源，在文化教育方面形成合力。

（4）开展公益活动。博物馆可以借助自身平台和资源，开展公益活动，向当地居民免费开放博物馆馆藏，举办文化讲座、展览等公益活动，以实现更广泛的社会效益。

综上所述，博物馆与各类社区机构合作可以不断拓宽服务范围和层次，深入到实际生活中，打造互通有无的文化共同体。通过加强与社区的联系，可以实现文化资源的优势互补和信息共享，促进当地文化教育事业的蓬勃发展，推动文化艺术的传承和创新。

（三）建立多元文化交流平台

在新时代下，建立多元文化交流平台是博物馆教育的重要任务之一。以下是一些具体思路和措施。

（1）举办国际文化交流展览。博物馆可以邀请来自不同国家、地区的文化机构或个人参加展览，通过各自特色和历史背景的展示，促进中外文化的交流和互鉴，拓宽公众眼界，增进不同国家、不同文化间的了解和友谊。

（2）开展文化活动。博物馆可以组织各种形式的文化艺术活动，例如音乐会、演出、工艺品制作等，吸引更广泛的观众参与，增强公众对博物馆文化资源的关注和认知。

（3）跨界合作。博物馆可以与其他行业进行跨界合作，开启跨领域的文化创意。例如将传统的文化艺术与现代数字技术相结合，制做出有趣、新颖的文化产品，以此吸引更多年轻人参与文化教育。

（4）利用社交媒体平台。博物馆可以利用社交媒体平台，分享文化艺术知识和展览信息，吸引海内外的观众关注文化艺术品，扩大博物馆的国际影响力。

综上所述，在新时代下，博物馆管理和教育的核心是创新发展。只有注重更新理念，积极吸收新技术和新思想，不断提升管理和教育素质，才能更好地发挥博物馆在文化传承、教育宣传和社会发展中的重要作用。

第二节　存在问题及研究展望

一、新时代下博物馆管理与教育存在问题

（一）教育项目的专业性不足

为了解决博物馆教育项目专业性不足的问题，未来应该加强博物馆教育人才培养力度，提高博物馆工作者的专业素养。具体可以从以下几个方面入手。

首先，完善博物馆教育人才培养机制，拓宽培养渠道，建立一批高水平的博物馆教育师资队伍。为此，可以探索与相关高校合作，共同开设博物馆教育课程或者研究生培养项目，引进高水平研究团队和教学资源，提高教育人才的专业素质。

其次，加强对博物馆工作人员的专业培训，提升他们的文化艺术品专业素养和教育技能。博物馆可以定期邀请国内外知名专家学者，组织交流论坛等形式进行专业交流、分享经验，激发博物馆工作人员的学术探究意愿，不断深化对文化艺术品历史、文化背景等相关知识的了解。

最后，在博物馆教育项目开展过程中，加强对教育项目的规范和评估。可以建立专业化的教育项目监测机构，定期进行教育项目质量评估并有针对性地改进。同时，还可以通过更好的文化艺术品展示、配套活动等形式，增强教育项目的吸引力和深度。

（二）数字化技术应用的不充分

数字技术的应用已经成为博物馆管理与教育的重要方向，然而目前仍有许多博物馆未能充分应用先进的数字化技术。为了更好地利用数字技术提高文化艺术品的展示效果，未来博物馆可以从以下几个方面加大数字化建设力度。

首先，在数字化展示方面，博物馆可以借鉴虚拟现实（VR）、增强现实（AR）等先进技术，打造更具互动性和体验感的数字化展览形式。例如，在某些展区设置全息投影、电子屏幕或者 App 等互动媒介，让观众身临其境、沉浸式地体验文物背后的历史文化背景。

其次，在数字化建设方面，博物馆可以采用 3D 扫描及无损检测等技术，对文化艺术品进行数字化复制，以便更好地保存和展出它们。这不仅有助于避免文物保护中的风险，还能够方便公众更好地观赏和了解其中的历史价值。

最后，加强数字化技术与博物馆展示之间的结合，是数字化建设的重要目标之一。博物馆可以设计出更加符合数字展示特点的文化艺术品展览方案和教育项目，充分利用数字技术的优势和特点，提高文化艺术品展示效果。

（三）营销策略需要改进

营销策略对于博物馆来说，尤为重要。尽管博物馆在文化教育方面已经做出了很多努力，但是它们在营销方面仍有诸多不足。未来，博物馆可以从以下几个方面改进营销策略。

首先，借鉴商业机构成功的营销模式，制定更加精细化、个性化的营销方案。例如，博物馆可以通过互联网等渠道提供预约服务、购票服务等，方便观众的参观体验。另外，博物馆还可以根据不同观众需求和特点，开发更加个性化的旅游产品、主题展览等，满足不同人群的需求。

其次，加强与旅游行业、文化创意企业的合作，拓宽博物馆营销渠道。博物馆可以利用文化艺术品展示资源，与旅游企业、文化创意产业深度合作，推出更具特色的文化旅游产品。此外，合理利用新媒体平台，建立起博物馆与公众之间的有效沟通渠道，提高观众参观和体验的积极性。

最后，加强服务品质和用户满意度。不断提高博物馆的服务水平和工作效率，如完善停车、餐饮等后勤设施，优化展览布局和导览服务等，让观众感受到更加便捷舒适的参观体验。同时，建立起健全的评估机制，及时收集用户反馈，有针对性地改进工作，提高用户满意度。

（四）社区合作尚未充分发挥

博物馆在社区合作方面的重要性越来越受到人们的关注，但是部分博物馆在这一领域尚未充分发挥其潜力。为了更好地服务社会、推动文化艺术品传承和创新，博物馆应该加强与当地学校、社区中心等社区机构的合作。

首先，博物馆可以通过与当地学校的合作，提供专业的文化艺术品教育资源，帮助学生更好地了解和认识其中的历史、文化价值。例如，可以定期安排学生参观博物馆、参与教育活动，或者结合学校课程设置相关讲座、展览，让学生亲身感受文化艺术品的魅力。

其次，博物馆可以通过与社区中心合作，开展更多有针对性的社区文化普及活动，丰富居民的文化生活。例如，可以组织文艺演出、音乐会等各种文化活动，邀请专家学者进行讲解，或者通过"博物馆进社区"等形式将文物和社区有机结合。

最后，建立起健全的社区合作评估机制，定期评估社区合作的效果和质量。同时，可以通过更加紧密的机制沟通，收集公众反馈信息，不断改进博物馆社区合作工作，提高社区合作的成效与影响。

二、新时代下博物馆管理与教育研究展望

（一）加强数字化建设

在信息技术飞速发展的当下，数字化建设已经成为博物馆管理与教育的重要方向。未来博物馆需要加强数字化建设，将数字化技术与文化艺术品展示相结合，从而打造更具互动性、体验感和参与性的展览形式，提供更好的文化艺术品展示效果。

在数字化展示方面，博物馆可以充分利用虚拟现实（VR）、增强现实（AR）等技术，打造更加具有互动性、体验感的数字化展览形式。例如，在展区设置全息投影、电子屏幕或者 App 等互动媒介，让观众身临其境、沉浸式地体验文物背后的历史文化背景。

在数字化建设方面，博物馆可以采用 3D 扫描及无损检测等技术，对文化艺术品进行数字化复制，以便更好地保存和展出它们。这不仅有助于避免文物保护中的风险，还能够方便公众更好地观赏和了解其中的历史、价值。

同时，博物馆应该加强数字化技术与展示之间的结合。博物馆可以设计出更适合数字展示的文化艺术品展览方案和教育项目，充分利用数字技术的优势和特点，让文化艺术品更有生命力。

（二）大力发展普及教育

作为传承和弘扬人类文明的重要场所和载体，博物馆应该积极推广文化艺术知识，在大众中开展更加广泛深入的普及教育。未来博物馆需要与社区、学校等机构合作，加大对青少年、农村地区等特殊群体的教育力度，引导公众正确理解和使用文化艺术品。

首先，博物馆可以通过多样化的宣传渠道，让更多的公众了解到本馆的历史、文物背后的价值，同时激发公众的参观兴趣。例如，可以利用互联网、社交媒体等新媒体渠道，定期发布各种形式的文化艺术品知识介绍、展览预告等信息，让公众随时随地了解博物馆最新动态。

其次，博物馆可以加强与社区、学校等机构的合作，开展更加广泛深入的普及教育。博物馆可以组织不同形式的教育活动，如科普讲座、亲子活动、社区义演等，将文化艺术品的知识和价值向公众传播。此外，还可以开展有针对性的教育项目，如文物创意设计、文化艺术品认知教育等，引导公众真正理解并爱上文化艺术品。

最后，要加大对青少年、农村地区等特殊群体的教育力度。博物馆可以根据这些特殊群体的需求和实际情况，开展更合适、更具针对性的普及教育。例如，可以对中小学生提供文化艺术品知识普及教育，对农村地区提供目的明确、形式多样的文化驿站服务。

（三）增强国际影响力

随着全球化进程的不断推进，国际交流已经成为各个领域的关键课题，博物馆作为一种特殊的文化载体，也在积极寻求提高自身国际影响力的途径。实现这一目标的方法之一就是举办国际文化交流展览。通过向国际社会展示本国或本地区的文化艺术品，可以使更多的人了解和认识到我们的文化传统和发展历程，从而增强国家形象和文化软实力。

此外，开展跨国合作也是博物馆扩大国际影响力的重要途径之一。博物馆之间可以开展学术研究、艺术品交流以及共同策划展览等活动，通过互相借鉴和学习，提高各自的文化水平和专业素养。这不仅有利于促进文化艺术品的传承和创新，同时也有助于加深各国间的友谊和合作，建立更加紧密的国际联系。

加强文化交流也是提高博物馆国际影响力的重要方法。博物馆可以通过组织国际学术研讨会、邀请国际专家进行讲座等方式，加强与国际界的联系和合作，增强自身的学术影响力和话语权。同时，博物馆也可以组织文化交流活动，如音乐会、舞蹈演出等，通过文化艺术的形式，拉近与各国人民之间的距离，增进彼此之间的了解和友谊。

（四）多元化发展

博物馆作为文化艺术品的托管和传承机构，是社会和历史的重要见证。未来博物馆管理与教育也需要多元化发展，不断拓宽文化艺术品的内容和形式，以适应时代的需求。

一方面，可以通过深入挖掘文物背后蕴含的历史、人文等内涵，使其更具有生命力和吸引力。比如，在展览策划方面，应该注重通过最新的展示手法、故事性的叙述方式来呈现文物，让观众产生共鸣和情感连接。同时，还可以通过数字化手段的运用，将文物内容进行数字化保护和全球分享，实现文化遗产的保护和传播。

另一方面，可以加强文化艺术品与现代艺术的结合，推动文化艺术产业的创新和变革。比如，在展览内容方面，可以邀请当代艺术家、设计师等参与，通过他们的创意作品，创造更具有当代性的空间氛围和视觉享受。同时，也可以通过主题策划等方式，将文化艺术品与当代社会热点问题相结合，以生动有趣的方式传达知识，引导观众思考和探索，提高教育效果。

综上所述，新时代下博物馆管理与教育应该充分利用数字化技术，推广文化艺术知识，增强国际影响力，加强社区合作，多元化发展，促进文化艺术品的传承和创新，为公众提供更好的服务，并在文化事业的推进中发挥更大的作用。